U0112103

大展好書　好書大展
品嘗好書　冠群可期

運動精進叢書4

怎樣跳得高

編委　主編　沈信生

副主編　李老民

編　韓慧民

周鐵民

大展出版社有限公司

目 ● 錄

如果你喜歡跳高
——給 8～12 歲的同學

（初級階段）

目錄

如果你想跳得高

——給 13～14 歲的同學

（中級階段）

怎樣跳得高

如果你想跳得更高
——給 15～17 歲的青少年朋友

（高級階段）

如果你喜歡跳高

——給 8～12 歲的同學

（初級階段）

1.1　什麼是跳高

樹上有個蘋果，伸手搆不著，真急人。你一定會說：「跳起來啊！要不跑兩步再向上跳，不就搆著了嗎？」這就是「跳高」的動作。我們在向上跳時，有時候用雙腳一起跳，有時候用一隻腳跳，而在田徑比賽中，只能用一隻腳跳，絕不能用兩隻腳跳，不然就犯規了。

跳高的全部動作包括：

向前跑進（助跑）；

向上跳起（起跳）；

越過橫杆（過杆）；

落在墊上（落地）。

1.1.1　跳高與撐竿跳高的區別

跳高和撐竿跳高，都是向上跳。不過，在跳高時手裡不能拿任何東西，而在撐竿跳高時，是雙手拿著一根長竿撐在地上，借著竿子的力量越過橫杆的。

1.1.2　你是怎麼跳的

隨著年齡的增長，我們每個人都能學會走路、跑步、跳躍。這是我們人類必須學會的本領。但是，我們要想跳得高，就不是那麼簡單的事，需要經過專門的學習和鍛鍊。

如果你學會了正確的跳高技術，就會比現在跳得更高；如果你透過訓練掌握了優秀的跳高技術，同時又具有非常好的身體素質，你就有可能在比賽中戰勝你的同學。如果你不能掌握正確的跳高技術，那只能被你的同學戰勝了。

1.2　跳高前的各種準備

1.2.1　準備好運動服和運動鞋

衣服、鞋的大小會影響訓練的效果，穿過大的服裝，會感到活動起來不方便，影響練習中的身體擺動和

完成動作質量；服裝太小，會有勒、緊、磨等感覺，會分散精力，影響我們進行運動。運動服應該穿著舒適、大小適中，運動時兜風不要太大，同時服裝的透氣性要好。

不要穿著皮鞋和布鞋去跳高，這樣會弄傷你們的腳，要穿運動鞋。

現在釘鞋的樣式很多，但不是什麼釘鞋都適合跳高訓練的使用。跳高用的是專門的跳鞋，起跳鞋後跟有釘子。

我們穿的跳鞋大小，以鞋帶繫緊後略緊一點兒最好。記住：每次訓練或比賽前都要檢查一下鞋釘及鞋帶是否合適。

1.2.2 選擇適宜的練習時間

訓練時間應該安排在時間充分、天氣好的情況下，一定要在飯後 45 分鐘～1 小時進行練習。

1.2.3 熱身活動準備

運動員在每次訓練和比賽時，他們不是一開始就進行比賽或者正式的訓練，他們都要進行身體的熱身活動，我們稱它為準備活動。準備活動可以為下面的訓練或比賽逐漸做好身體上和心理上的準備。

準備活動的好處是：

（1）使我們身體的溫度增高，提高肌肉、肌腱、韌帶和關節的伸展性和活動範圍。

（2）提高我們內臟器官（主要是心血管系統和呼吸系統）的功能，適應訓練和比賽的要求。

（3）可以避免我們因運動量的突然增加和突然進行劇烈運動而造成的運動損傷。

（4）使我們思想集中，準備進行下一步的練習。

在準備活動中，每次的活動內容是不同的：天氣冷的時候時間長些，天氣熱的時候時間短些，身體狀態好的時候時間短些，身體狀態差的時候時間長些。準備活動一般由三個部分組成，順序是從一般準備活動到專項準備活動：

第一，慢跑或快走或遊戲等，使身體達到預熱的效果；

第二，拉伸身體的主要運動肌肉和韌帶，防止運動受傷；

第三，做一些專門的跳高練習。

活動內容	目　的	時間
慢跑	提高肌肉溫度，減少黏滯性	5分鐘
柔韌性練習	增加動作幅度	10分鐘
專項練習	提高協調性及有關肌肉、關節活動能力	10分鐘

少年兒童朋友可能問：是否能根據我們的年齡舉例，介紹一下我們應該怎麼做準備活動。

好，讓我現在就告訴你們。

①慢跑 400～600 公尺左右

慢跑可以使你身體發熱，全身的體溫升高，肌肉開始逐漸變得柔軟，不容易受傷，使自己的身體有一個逐漸適應的過程。

②做體操練習

如：頸部的前後屈伸繞環，肩部的提轉，上肢、下肢和全身體操，壓腿、拉韌帶；踝、膝、髖前後左右繞環。再伸展一下各關節、韌帶。做體操和伸展性練習既可以拉長肌肉又能使關節轉動靈活。

柔韌練習中包括很多練習，下面給你們舉幾個例子：

對腿部後側肌肉、韌帶牽拉練習。練習前注意：在做「伸展」身體的練習時，應逐漸增加練習的幅度。在做被動的柔韌性練習時（即：別人幫助壓你，進行伸展練習時），增加動作幅度要特別小心謹慎。

練習1：架上正壓腿練習

　　8～10次，一條腿放在練習物高處，腿擺放高低以自己的腿部感到適當牽拉為好，一條腿站於地面，上體逐漸前傾，用胸部貼近大腿。然後兩條腿互換進行練習（圖1-1）。

圖1-1　架上正壓腿練習

練習 2：架上側壓腿練習

　　8～10 次，一條腿放在練習物高處，腿擺放高低以自己的腿部感到適當牽拉為好，一條腿站於地面，大小腿夾角為 90°左右，身體向下貼近支撐腿，用胸貼近腿部的下壓練習。然後兩條腿互換進行練習（圖 1-2）。

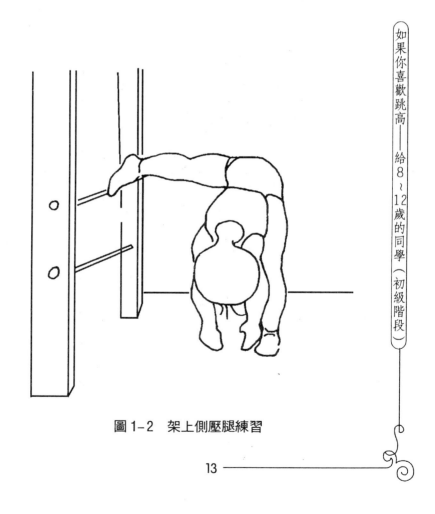

圖 1-2　架上側壓腿練習

練習 3：架上壓後側肌群練習

8～10 次，背靠練習物，大小腿折疊，將腳面勾於練習物，進行伸拉大腿前側肌群肌肉、韌帶練習（圖 1-3）。

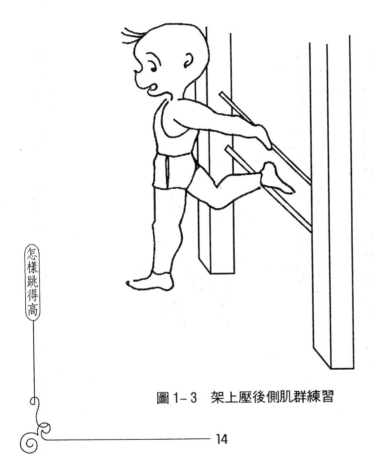

圖 1-3 架上壓後側肌群練習

練習 4：體前屈運動

【開始】：兩腳併攏，手掌觸地，呈俯臥支撐狀。

【動作】：雙腳向雙手靠攏，膝部伸直，雙手貼近腳部時，腳後跟踩向地面，此過程手掌始終緊貼地面，重複 3 次左右（圖 1-4）。

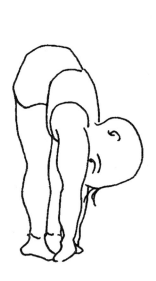

圖 1-4　體前屈運動

練習 5：體前屈下壓

【開始】：兩腳站立。

【動作】：雙手併攏，掌心向下，慢慢壓向地面，保持最大限度狀態，再繼續下壓，重複 4～6 次（圖 1-5）。

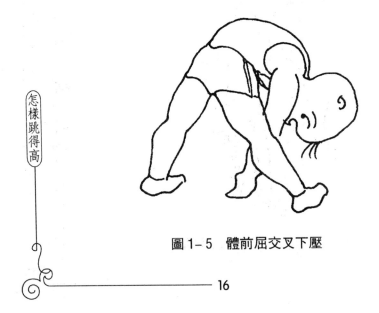

圖 1-5　體前屈交叉下壓

練習6：正側踢腿

【開始】：直立，雙手側平舉。

【動作】：走動中正側踢腿，重複6～8次（圖1-6）。

圖1-6 正側踢腿

如果你喜歡跳高——給8～12歲的同學（初級階段）

練習 7：跪展髖

【開始】：雙膝跪地。

【動作】：頭向後儘可能往後躺，重複 4 次（圖
1-7）。

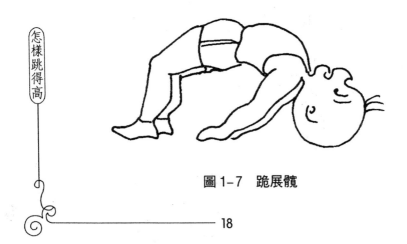

圖 1-7　跪展髖

練習 8：體側屈

【開始】：站立，兩腿自然分開，雙手抱頭。

【動作】：身體向側面運動，向左靠，向右靠，重複4次（圖1-8）。

③跑的專門練習

做一些跑、跳的專門練習，如：小步跑、高抬腿跑、後蹬跑、加速跑、小跳等練習（圖1-9）。

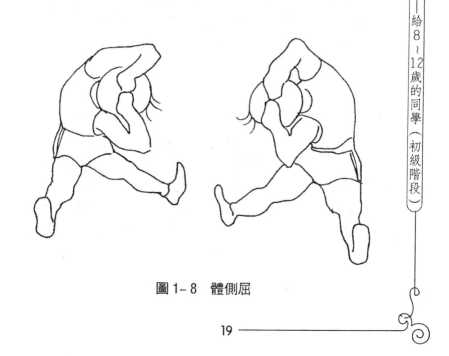

圖 1-8　體側屈

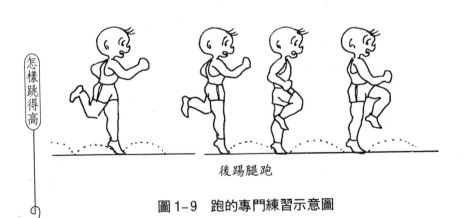

後踢腿跑

圖1-9　跑的專門練習示意圖

1.2.4 熱身活動要注意的問題

（1）活動的運動量因人而異

如果你第一次開始或訓練還不到半年，慢跑或其他熱身活動時不要太快，讓身體感到熱一些就行，不要和同伴比誰快或比誰多，否則，全身的勁都用「光」，就不能保證訓練了。

（2）動作幅度由小到大，動作幅度要柔和

韌帶牽拉時要逐漸進行，幅度逐漸加大，讓肌肉適應了你的動作再增加幅度，否則容易受傷。

（3）注意天氣

當氣溫較低時，身體各個部位都有點僵硬，這時要注意全身各個部位都要充分活動開，否則很容易受傷。在開始做專門練習或任何動作時，都要使身體適應後再增加幅度。

1.3　怎樣才能跳得高

跳高是比誰能越過更高的橫杆。一般我們把它分為四個部分，即：助跑、起跳、過杆和落地。其中起跳是

整個技術中的關鍵。當然，各技術部分間的銜接也是非常重要的。目前，背越式跳高技術被認為是當今最先進的跳高技術。

助跑是為了獲得最合適的水平速度（即合理的最快速度），它為起跳提供準備條件。背越式助跑前段為直線，後段為弧線。

起跳的目的是為了獲得最高的垂直高度（即最高高度），為過杆做好準備。它是跳高技術的關鍵。

過杆和落地的目的是為了最有利地越過橫杆和保護自己避免受傷，它是跳高技術的目標。

同學們在體育課上見到的大多是用跨越式的方法越過橫杆。那我們就先學習跨越式。

1.3.1　跨越式跳高

有很多同學都希望自己能多練習跳高，可是正規的跳高場地和器材不多。怎麼辦？我們只需找一塊鬆軟的地面或草地、一根橫杆（或竹棍、橡皮筋等）和兩個架子（或同學間互相幫助以人作為「架子」，或用板凳），就可以跳高了。

記住：這樣的場地只能練習跨越式跳高，千萬不能練習背越式跳高！

跨越式跳高技術自然、簡單，容易掌握。它的技術是從橫杆側面，沿直線助跑開始，用靠向橫杆的擺動腿

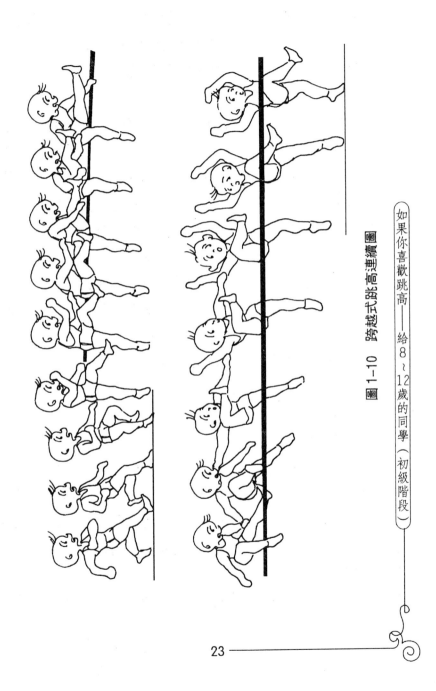

圖1-10 跨越式跳高連續圖

一側作為起跳的方向，助跑距離為 6～8 步，助跑角度為 30°～40°，起跳點應離橫杆距離 60～80 公分或自己手臂距離橫杆一臂寬的距離，同時靠近起跳點一側的橫杆的 1／3 處作為起跳點的位置。

起跳騰空後，用靠近橫杆的一條腿（擺動腿）先擺過橫杆，同時，擺動腿向杆下內旋下壓，兩臂從後迅速向上、向前擺起，使整個身體稍向橫杆方向旋轉，同時遠離橫杆的一條腿（起跳腿）稍向外旋，並迅速向上抬起，兩腿依次落入沙坑（擺動腿一側先落入沙坑），完成過杆動作。過杆後，身體側對橫杆。

可以形象地說，跨越式跳高就是由起跳後，兩條腿依次交叉越過橫杆，像我們從側面交叉跨越一定高度的橡皮筋一樣。

跨越式跳高的主要練習方法：

在進行跨越式跳高前，助跑步點需要反覆丈量，才能在練習時準確地踏上起跳點。

丈量助跑步點的方法主要有兩種：

一種叫反覆丈量法。從起跳點向你開始助跑的方向跑出你需要的距離，一般全程助跑的距離為 6～8 步，也可以根據自己的實際情況來確定助跑距離，跑的速度快慢可自己來定。要用你在比賽跳高時的速度反覆跑，直到調整好助跑距離為止。

另一種方法叫計算丈量法。找好起跳點後，算好要

跑的步數，沿助跑的斜線方向，自然向前走，走的步數乘以 2 再減去 2，就是你要助跑的步數。比如：助跑步數為 7 步，那麼，實際需要走的步數就是 14 步減去 2 步，等於 12 步，你走出 12 步就可以了，然後再進行幾次助跑練習，以調整到合適為止。

當你丈量好助跑步點後，用一個標誌物作為標記。有條件的可以用皮尺來丈量出你助跑需要的公尺數，下次練習時就可以用皮尺直接量出距離。

如果你沒有丈量工具進行準確丈量，最好的辦法就是利用你的腳記下你的步點，方法是：先確定你的起跳點，然後左腳＋右腳＋左腳……一直走到你要開始助跑的位置即可。如圖 1-11 所示：

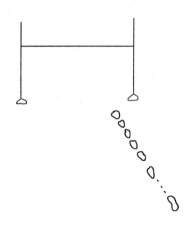

圖 1-11　跨越式跳高的步點丈量方法

從丈量好的助跑點開始助跑的方法有兩種：站立式助跑，即從原地開始；行進間助跑，即在走動中或跑動中開始。

如果你的步點是雙數，如 6、8 等步，用左腿起跳時，站立式助跑則是把左腿放前，右腿放後，先邁右腿開始助跑。如果你是用右腿起跳，則把右腿放在前，先邁左腿開始助跑。

如果你的步點是單數，如 5、7、9 等步，用左腿為起跳腿時，則把右腿放前，左腿放後，先邁左腿開始助跑。如果你是用右腿起跳，則把左腿放在前，右腿放後，先邁右腿開始助跑。

同學們記住：右腿起跳與左腿起跳它的助跑方向相反，左腿起跳在橫杆的右側，右腿起跳在橫杆的左側。除站立式起動外，還可以用行進間起動的方式，方法是先走或跑幾步，然後踩到助跑點後開始正式助跑，踩到助跑點的腳，與上述的站立式助跑相同。

進行間助跑，跑時比較放鬆、自然，像中國著名跳高運動員朱建華、古巴著名運動員索托馬約爾等，都用此種方法開始助跑。

圖 1-12　背越式跳高助跑連續圖

1.3.2　背越式跳高

（1）助跑

　　背越式跳高的助跑（圖 1-12）是前段為 4 步左右的直線，後段為 4 步弧線，像「J」形，以遠離橫杆的一邊作為起跳點，把橫杆分割成 3 份，取 1／3 處和自己的一臂距離垂直橫杆作為起跳點的位置，確定起跳點。

　　確定好起跳點丈量步點的方法有兩種：

　　一種叫反覆丈量法。在事先畫好的大概位置上反覆跑進，做好記號直到跑準為止。

　　另一種叫走步丈量法。向遠離橫杆的方向用自然步平行於橫杆走 5 步，垂直於橫杆走 6 步做一個記號，繼續向遠離橫杆的方向走 7 步，即：「5─6─7」丈量法，用 6 步標記點與起跳點之間連成一個弧線為 4 步弧線助跑線並與 7 步直線相連接，這種方法為 8 步助跑的

如果你喜歡跳高──給 8～12 歲的同學（初級階段）

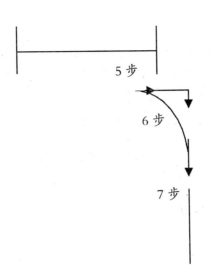

5 步

6 步

7 步

圖 1-13　背越式跳高步點丈量方法

步點丈量法（圖 1-13）。

　　一般人更多用走步丈量法。

　　確定步點後可以用左右腳連續丈量確定平行於橫杆的步數，然後在垂直的方向連續丈量，如：平行橫杆方向腳步為 12.5 腳，垂直於橫杆 42 腳。

　　助跑步點確定後，開始沿著你所畫好的助跑線跑步點，助跑速度要逐漸加快，然後在盡量不減速的情況下完成起跳。

　　助跑要求：

　　助跑要自然放鬆、富有彈性（用你的前腳掌而不是腳後跟）、步幅開闊、後蹬充分，身體重心平穩，保持

圖 1-14　背越式跳高的起跳技術

較高重心，開始起動時應加強後蹬，上體略前傾，重心
保持較高，進入弧線助跑時身體逐漸向內側傾斜，外側
的肩略高於內側的肩，內側臂擺動幅度小於外側臂的擺
動。助跑最後幾步速度逐漸加快，為起跳做好準備。

　　助跑速度的快慢，應根據自己是不是能跳得起來而
定。如果你跑得太快跳不起來，那你就跑慢一點。反之
則跑快一點。

　　起動方式也同跨越式跳高中所講的一樣，有站立式
和行進間起動兩種方式。

（2）起跳

　　起跳的目的是為了使你在助跑時所獲得的向前速度

變成向上的速度，透過蹬地、擺腿、擺臂使你身體離開地面。

起跳技術是背越式跳高技術的關鍵，它在整個技術環節中有著承上啟下的作用。起跳的時間很短，是從起跳腳放上起跳點開始到起跳離地瞬間結束。

起跳包括：擺臂、擺腿、提肩拔腰、送髖、蹬伸、身體由內傾到垂直的變化。

起跳時要分出起跳腿和擺動腿，一般用習慣的腿或有勁的腿作為起跳腿，另一條腿為擺動腿。

當邁步起跳時身體要保持向內傾斜（指身體向助跑弧線的圓心傾斜），擺動腿的蹬伸與起跳腿的放腳要快速配合，蹬地快速有力，擺動腿要迅速向前上方屈腿擺起，以髖發力，大腿帶髖，髖帶上體，沿身體縱軸旋轉，形成身體背對橫杆，蹬擺配合要協調一致，要在身體由內傾轉為垂直瞬間，迅速伸展上體，快速向上騰起，起跳腳踏上起跳點時用腳跟外側著地，迅速過渡到全腳掌至前腳掌。

起跳練習方法：

①原地（扶杆）體會邁步放起跳腳

主要體會放腳順序，從腳跟外側依次過渡到全腳掌。

【動作要求】：重心穩、低，前邁時起跳腳同側髖向前送出，上體不要有意後倒，擺動腿的足跟要提起，

圖 1-15　原地送髖擺腿練習

圖 1-16　上步起跳

完成動作後要稍停一下（圖 1-15）。

②上步起跳

　　為了體會擺蹬方向和提肩拔腰的動作要求，擺動腿屈膝向內上方擺腿帶髖，蹬地提踵，手臂同時向上方擺動，起跳腿充分伸展（圖 1-16）。

圖1-17　沿圓弧做上步起跳

③沿圓圈上步起跳

要求身體低穩，當起跳腿前邁時，同側髖迅速向前上方送出，肩和上體不要有意向後倒，起跳腳的足跟要提起，蹬擺應快速有力（圖1-17）。

④沿弧線或圓2～3步助跑起跳

【要求】：助跑時要保持身體適度內傾，起跳時要充分向上跳起，依靠擺動腿的擺動，使身體沿縱軸向起跳腿一側轉體90°，要蹬擺協調一致（圖1-18）。

⑤杆前上步起跳練習

在杆前上步起跳時要做到三快：快放腿、快擺腿、

圖 1-18　沿圓弧做 2～3 步助跑起跳

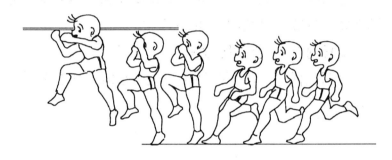

圖 1-19　杆前上步起跳練習

快蹬伸，還要做到提肩拔腰、蹬擺協調一致，轉體時應使整個身體與地面垂直，並使身體背對橫杆反覆幾次，學生自己練習模仿蹬擺動作（圖 1-19）。

（3）助跑與起跳結合

【動作要點】：

助跑與起跳結合技術也是難點技術，掌握好這一技

術有利於迅速提高運動成績，重點掌握好弧線助跑與起跳過程中身體傾斜角度的合理變化，以及由助跑不減速地過渡到起跳，應充分發揮擺動腿在起跳中的作用，蹬擺要協調一致，為使身體重心前移，加快起跳，一般最後一步比倒數第二步縮短 10～15 公分。

助跑與起跳結合練習方法：

①助跑單手（或雙手）摸高物

掌握助跑中適度傾斜腳，不減速地過渡到起跳，蹬擺協調，身體充分騰起（圖 1-20）。

②杆前 2～3 步助跑起跳

身體內傾，不減速的情況下完成起跳。速度逐漸加快。

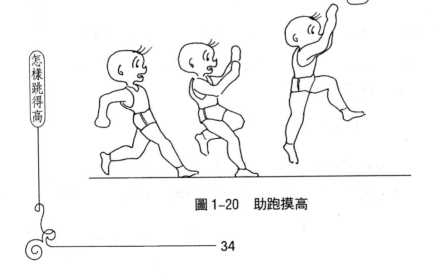

圖 1-20　助跑摸高

③弧線助跑跳上高墊

身體適當內傾，節奏明顯。起跳時要迅速完成起跳蹬伸動作，蹬擺協調一致。

④2~3步弧線助跑過杆落地

（4）騰空與落地

當人離開地面後，身體轉成背對橫杆，身體升起來後頭、肩背下潛，成「橋」型，用肩背著墊，收舉大、小腿越過橫杆（圖1-21）。

原地體會肩背著墊動作──跳起後體會身體成「橋」動作等（圖1-22）。

圖1-21　過杆落地連續圖

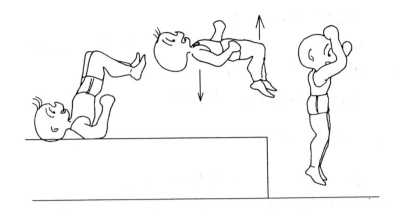

圖 1-22　原地跳起展髖練習

1.4　跳高比賽場地、器材及規則

1.4.1　跳高比賽場地、器材

　　（1）跳高場地：落地區的大小應至少有 5 公尺×3 公尺。

　　（2）器材：跳高場地由兩個跳高架、海綿墊、橫杆組成。

1.4.2　跳高比賽規則

　　（1）正式跳高比賽中，運動員用單腳起跳越過橫杆後，橫杆仍然保持在橫杆托上為成功。成功舉白旗，

失敗舉紅旗。

（2）運動員連續3次試跳失敗，則失去繼續參加比賽的資格，成績以能夠越過橫杆的最高高度作為最終成績。

（3）當成績相等時，以運動員在試跳的最高高度上失敗次數少者為先，如果在最後跳過的高度上失敗次數相等，則看運動員總的失敗次數，較少者列先。

（4）失敗

①試跳後，身體的任何部位觸及橫杆垂直投影面以外的地面或物質。

②錯過該次試跳順序。

③無故延誤時限。

（5）運動員在比賽時必須佩帶號碼。

1.5 評一評自己跳得好不好

經過一段時間的學習、訓練，自己的成績是否已經有了提升，就需要檢驗一下自己的綜合素質水準。要是發現哪一項比較差，今後需要多練習差的方面，爭取所有項目全部提升，如果你想跳得高，你身體的每一個方面都要特別棒才行。

自評的項目：

自評的項目有4個，你可以自己用評估表來查出自

己的水準屬於哪個等級。如果你測試的項目為「優秀」，說明你這段訓練成績已經有了一個突破，達到一定水準，應繼續努力。如果是「良好」，還需要繼續向「優秀」努力。如果只達到「及格」，那就需要再加一把勁，加強這方面的訓練。

在查表時，如果你的成績在兩個級別之間，應該按照低一級的標準計算。

8～12歲自我綜合評估表

項目	等級	男			女		
		8歲	10歲	12歲	8歲	10歲	12歲
跳高（公尺）	優	0.85	1.10	1.20	0.80	1.05	1.15
	良	0.75	1.00	1.10	0.75	1.00	1.10
	及格	0.65	0.90	1.00	0.65	0.80	0.90
30公尺跑（秒）	優	6.0	5.8	5.5	6.1	5.9	5.7
	良	6.2	6.0	5.3	6.3	6.1	5.8
	及格	6.4	6.2	5.1	6.5	6.3	6.0
立定跳遠（公尺）	優	1.53	1.63	1.85	1.50	1.55	1.75
	良	1.48	1.55	1.62	1.45	1.50	1.70
	及格	1.42	1.45	1.48	1.40	1.42	1.65
擲小壘球（公尺）	優	29.00	31.00	32.00	18.00	19.00	21.00
	良	28.00	29.00	30.00	16.00	17.00	18.00
	及格	26.00	27.00	28.00	13.00	15.00	16.00

如果你想跳得高

——給 13～14 歲的同學

（中級階段）

　　經過了跳高的初級階段訓練，想必你對跳高的基本技術動作有了一個基本的了解。你是否想跳得更高，成為班級、學校、區、市前幾名？你也很想知道由什麼方式能達到提升成績的目的吧？

　　你跟著我們做，將會學到很多常用的訓練方法和基本知識，這對你運動成績的提升將有很大的幫助。

2.1　中級階段的一般訓練方法

　　少年兒童在 13～14 歲，身高快速增長，肌肉和體重增加。這一階段的少年兒童在生理、心理上發展很快，訓練手段、方法的選擇要多一些、更靈活一些。

　　訓練中，訓練身體的部位要經常變化，否則容易受傷。怎樣才能使你更好地逐步提高成績，而又不至於因

為地基沒打好而影響高樓的質量呢？這就需要全面的良好的身體訓練準備，以便為成績的提升打下良好的基礎。

2.1.1　什麼是運動基礎

運動基礎是運動員所具備的各種基本素質和基本技術。基本素質通常包括速度、力量、柔韌、靈敏、彈跳、耐力等。基本技術是你跳過橫杆的正確合理與否，以及基本技術的正確程度。有了一定運動基礎水準，你還需要具備好的心理素質。

橫杆的高度升高時，你是否有心理變化呢？你能跳高的高度要像跳低高度一樣跳，跳低高度像跳高的高度一樣跳嘛？這就是心理素質。因此，當高度升高時，技術動作不能變形，心裡不要害怕橫杆；低高度時動作要認真對待，不能麻痺大意。

2.1.2　怎樣進行一般素質訓練

一般素質訓練的內容和方法很多，包括體操、田徑、球類活動和跳橡皮筋、遊戲、跳繩等。大家可以根據自己的情況和喜歡的形式活動。

2.1.3　柔韌訓練

柔韌素質是指身體各關節能夠大幅度完成動作的能

力。比如，有的同學站立式壓腿能用自己的胸觸到伸直的腿，而有些同學卻觸不到，這是由於前者柔韌性好，後者柔韌性不好。柔韌性的好壞與成績的關係怎樣呢？怎樣提高你全身各關節的活動範圍，使你的成績也能相應得到提升呢？

跳高時需要運動員具有充分的擺腿能力，使人體在跨越式起跳時能依次越過橫杆，柔韌素質的好壞主要是看其關節活動幅度的大小。跳高運動員最重要的是擺腿、擺臂的幅度和背弓的幅度。起跳蹬伸時踝關節充分伸展，決定了起跳時人重心的高度，同時柔韌性好的人其受傷的機會就相對較少，活動更加自如。一般女孩的柔韌性比男孩好。

柔韌素質的訓練方法一般有靜力和動力拉伸法。

靜力拉伸法：

就是透過緩慢的動作將肌肉拉長，當然這種拉長同學們是看不到的，但能感覺到肌肉有伸拉的感覺，當伸拉到一定程度時暫時靜止不動。

動力拉伸法：

是指一種有節奏、速度較快、多次重複同一動作的拉伸練習。

在訓練中我們一般用兩種方法結合進行。

訓練時有些動作是主動的，有的動作需要別人幫助，像體前屈、劈叉等。跳高運動員柔韌性練習，主要

圖2-1　仰臥擺腿練習

是髖部、腰部、脊椎、肩部、踝部中的踢腿、壓腿、劈叉、下橋、甩腰、體屈等。

　　柔韌性練習一般在體溫升高後，也就是慢跑或通過遊戲等方式使身體發熱時進行，這主要是身體中肌腱、韌帶和關節囊都會有一定的活動範圍，不宜受傷。運動中的受傷尤其是拉傷，需要花費很長時間進行休息、恢復，因此，這種無謂的損傷將會影響你的訓練。

柔韌性練習方法

● 髖關節和下肢練習

練習1：仰臥擺腿練習

　　【開始】：仰臥，兩臂側平舉同肩高，掌心向下，兩腿伸直併攏（圖2-1）。

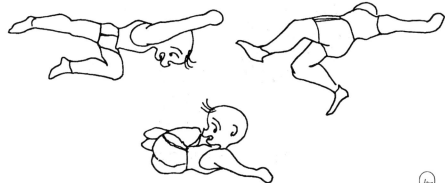

圖2-2　俯臥屈腿練習

【動作】：舉起右腿至空中，以膝領先向左手背靠攏，重複3～4次。

練習2：俯臥屈腿練習

【開始】：俯臥，要求同上。

【動作】：右腿後舉，儘可能伸直。然後彎腰使右腳跟去碰左手。左腳交換，肩部始終保持平穩。重複5～6次（圖2-2）。

練習3：仰臥體後屈練習

【開始】：仰臥，兩肘撐地呈髖部支撐狀。

【動作】：兩腿向下，在頭後用腳趾接觸地面。保持肩部固定，用腳趾向左和向右儘可能遠地移動。重複3～4次（圖2-3）。

圖 2-3　仰臥人體後屈練習

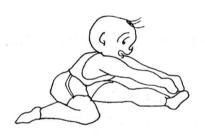

圖 2-4　跨欄坐姿壓腿練習

練習 4：跨欄坐姿壓腿練習

【開始】：在地面上取跨欄坐姿。

【動作】：做軀幹繞環運動，將頭盡量貼近地面。重複 3～4 次（圖 2-4）。

練習 5：雙腿跪地練習

【開始】：雙膝跪地。

【動作】：頭後仰觸地。重複 4 次（圖 2-5）。

圖 2-5　雙腿跪地練習

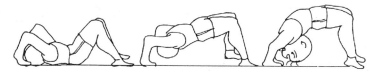

圖 2-6　原地挺髖練習

● 脊椎練習

練習 1：原地挺髖練習

【開始】：仰臥。雙腳平置地面，稍微分開。屈膝，雙手後舉，掌心向下，手指指向肩部。

【動作】：雙腳和雙手同時用力，儘可能高舉臀部，手臂和雙腿伸直，頭後仰形成「橋」狀。重複 2～3 次（圖 2-6）。

練習 2：俯臥支撐壓練習

【開始】：兩腳併攏，手掌觸地，呈俯臥支撐狀。

【動作】：雙腳向雙手靠攏，膝蓋伸直。手腳貼近

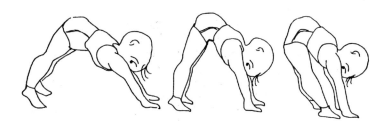

圖2-7　俯臥支撐壓練習

時，將後跟踩向地面。此過程手掌始終緊貼地面。重複
3次（圖2-7）。

練習3：屈體交叉前壓練習

【開始】：兩腳交叉站立。

【動作】：雙手併攏，掌心向下，慢慢壓向地面，
保持最大限度狀態，再繼續下壓。可將手臂在腿後合攏
進行以增加難度。重複4～6次（圖2-8）。

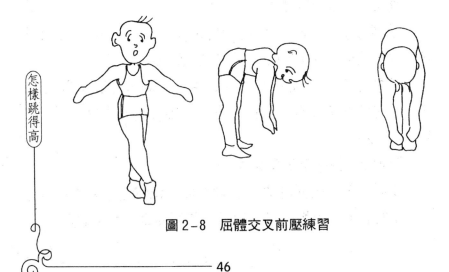

怎樣跳得高

圖2-8　屈體交叉前壓練習

圖 2-9　坐地分前壓練習

練習 4：坐地分前壓練習

【開始】：坐姿，叉開雙腿。

【動作】：雙手在兩腿之間平放地面。直腿抬起、放下，然後將手向前移動重複上述動作，直至腳後跟無法離地時止，重複 2～3 次（圖 2-9）。

2.1.4　協調和靈敏素質訓練

發展協調和靈敏素質，必須結合跳高專項訓練。靈活性是指在突變的條件下，迅速、準確、協調改變身體運動的能力。發展靈敏和協調能力，必須結合跳高專項，有針對性、有步驟地進行。

靈敏和協調能力的訓練，應從培養運動員的各種能力入手，13～15 歲的同學此時期協調和靈敏素質快速發展，如模仿能力、控制與平衡能力、動作的節奏感和穩定性、反應能力和觀察能力等。

發展靈敏和協調能力的主要練習方式：

（1）各種球類活動，如打籃球、排球、踢足球、打乒乓球等。透過多種球類活動發展反應能力、應變能力等靈活性。

（2）各種技巧練習，前後側手翻等練習，發展空間感平衡能力和協調性、準確性。

（3）各種徒手操、健美操、舞蹈動作練習，發展協調、平衡、節奏等能力。

（4）各種遊戲形式，既可以達到發展身體素質的目的，又可以提高練習的興趣。

（5）武術基本練習及器械體操等。

（6）跨欄、跳橡皮筋、跳繩等許多田徑練習。

（7）練習者聽信號跑。靈活性和協調性的訓練一般安排在同學們注意力比較集中的時期，練習方法也要經常變換，一種方法熟練後再增加練習難度。

2.1.5　力量訓練

力量素質是指肌肉在工作時克服阻力的能力。跳高需要的力量是快速力量和克服自身身體阻力向上跳起的能力，所以，跳高運動員最重要的是，選擇有發展上下肢、腰腹、膝踝關節的練習，提高你向上蹬地的力量。發展力量素質的練習有：

（1）俯臥撐（俯地挺身）、雙槓支撐屈臂。

（2）肋木舉腿、直腿繞環、元寶腹肌等。

（3）仰臥挺髖、跪跳起。

（4）高抬腿走、弓步走、下蹲走。

（5）前腳掌墊高提踵走。

圖 2-10　墊高手、腳俯臥撐練習

圖 2-11　槓上撐練習

（6）跳繩練習。

（7）實心球前後拋練習。

（8）手持啞鈴做擺臂及各種練習。

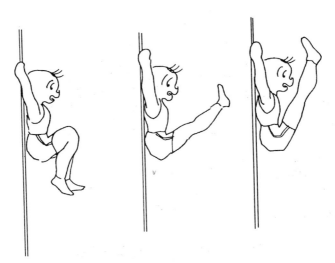

圖 2-12　肋木舉腿練習

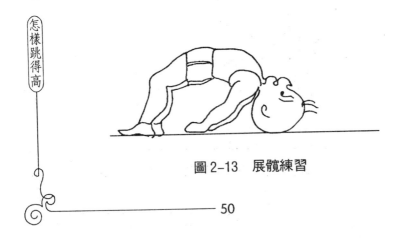

圖 2-13　展髖練習

圖 2-14　弓步走練習、高抬腿走練習

（9）負沙腿、橡皮筋的擺腿練習。

2.1.6　彈跳素質訓練

彈跳素質是跳高運動員非常重要的素質，彈跳力的好壞直接影響跳高的成績，如中國男運動員蔡舒雖然身高 1.76 公尺，曾經在 1984 年跳過 2.27 公尺，列世界排名第八位，他的最大特點就是有非常好的彈跳力。

發展彈跳力的方法很多，但在選擇方式時要特別注意落地技術的正確性及多在鬆軟的草地、鋸末道或沙坑等場地進行跳躍訓練，並注意練習的次數和強度不要太大。

發展彈跳力的主要練習方式有：

（1）立定跳遠、立定三級跳。

（2）20～30 公尺單足跳。

（3）20～30 公尺跨步跳。

（4）原地、助跑 2～3 步縱跳摸高物。

（5）30公尺左右連續上步起跳。

（6）原地或蹬高物交換跳。

（7）原地連續跳過欄架。

2.1.7　速度素質訓練

速度素質是跳高運動員在助跑時應該有的素質，我們都知道，原地過杆要比加助跑時越過橫杆的高度低得多，主要是因為助跑起跳瞬間產生的速度可以產生向上和向前的力，而且此種力可以幫助運動員越過更高的高度。中國三破世界跳高紀錄的朱建華，起跳前助跑後幾步的速度在目前世界跳高選手中也算是最快的，他能破世界紀錄與助跑速度有很大的關係。

發展速度素質的練習很多，其中適合跳高的練習方法主要有：

（1）起跑 20 公尺、30 公尺、50 公尺、60 公尺跑 3～5 次。

（2）加速跑 30 公尺、40 公尺、50 公尺、60 公尺跑 3～5 次。

（3）100 公尺跑 2～3 次。

（4）30～50 公尺彎道加速跑。

（5）30 公尺、40 公尺、50 公尺大步高抬腿跑。

（6）跑斜坡（上、下）50 公尺跑。

2.1.8 耐力素質訓練

耐力素質是與人的呼吸、循環系統有直接關係的。它可以幫助你提高承受負荷的能力，在一般耐力的基礎上，發展跳高運動的專項耐力。

發展耐力素質的基本方式：

（1）各種長時間越野跑、定時跑、反覆跑、變速跑等。

（2）爬山、遊戲、打籃球、踢足球等。

（3）各種循環綜合組合練習。

2.2 基本技術訓練方法

掌握了一般身體素質的練習方法以後，你可能開始了一些身體練習，但是否覺得少了許多與跳高技術本身有一定關係的練習呢？對，這就是下面介紹的有關跳高專項技術的許多練習方法。

2.2.1 助跑

2.2.1.1 背越式跳高弧線助跑技術的主要練習方式

（1）由直線進入弧線的彎道跑練習。

體會身體由向前跑進入轉成內傾姿勢跑進。

（2）各種半徑的圓圈或弧線跑練習。

圖 2-15　　直線進入弧線助跑練習

　　半徑較大的圓圈體會在內傾的情況下較容易，隨著圓半徑的減小，內傾程度相對比較難控制的情況下繼續保持速度的練習。

　　【要求】：身體保持內傾，步幅開闊，大腿高抬，後蹬積極有彈性，逐漸加快跑速。

　　（3）逐漸縮短半徑的螺旋弧線跑。

　　體會身體在內傾的情況下，積極向前跑進的技術。

　　（4）沿助跑弧線反覆跑進練習。

　　體會（左腳起跳者）運動員身體起跳左側臂擺臂小右側臂擺動大，右側肩高的動作（右腳起跳者動作相反）。

　　（5）4～6步沿自己弧線跑進準確踏上起跳點接跑

圖 2-16　彎道跑練習

圖 2-17　8 字跑練習

過練習。

　　【要求】：運動員在起跳點位置保持不停頓地跑過起跳點。

　　（6）弧線助跑起跳摸高練習：把物體（實心球）掛在高處，助跑 4～6 步後體會接起跳練習。

圖 2-18　弧線跑練習

起跳點

圖 2-19　助跑準確踏上起跳點練習

2.2.1.2　跨越式跳高直線助跑技術的主要練習方式

（1）體會快速直線助跑練習。

（2）體會助跑在不減速的情況下起跳練習。

（3）體會直線助跑過斜杆練習。

（4）3～5步助跑跳過斜杆或橡皮筋、3～5步助跑

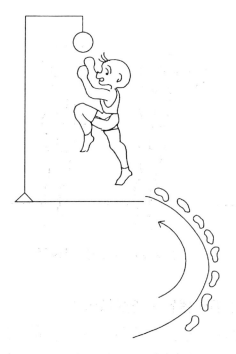

圖 2-20　弧線助跑起跳摸高練習

借助踏板起跳過杆練習、直線助跑用擺動腿觸高物、逐漸延長助跑距離，速度逐漸加快完整跨越式跳高練習。

2.2.2　起跳（背越式跳高）

（1）原地擺臂練習：

　　兩腳前後站立，手臂同時由後向前、向上擺至比頭略高時突停，體會提肩、拔腰、身體重心向上升起練習（圖 2-21）。

圖2-21　原地擺臂練習

（2）原地擺臂、擺腿練習：

兩腳前後站立，手臂同時由後向前、向上擺至比頭略高時突停，擺動腿也由後向前、向上屈腿擺至擺動腿大腿與地面平行，體會提肩、拔腰、身體重心向上升起練習，注意上下肢的協調配合（圖2-22）。

（3）上一步起跳擺臂、擺腿練習：

把起跳腿放在後，邁上起跳點蹬伸後腳離開地面起跳練習，同時手臂由後向前、向上擺至蹬離地面，充分向上跳起（圖2-23）。

（4）三步助跑起跳擺臂、擺腿練習：

方法同（3）。

圖2-22　原地擺臂、擺腿練習

圖2-23　上一步起跳擺臂、擺腿練習

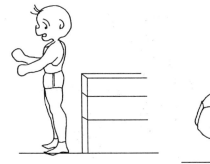

圖 2-24　原地肩臂著墊練習

2.2.3　過杆落地（背越式）

（1）原地背對海綿墊體會肩背著墊動作

【要求】：身體充分向上升起肩背下潛，做挺髖展腰動作（注意安全）（圖 2-24）。

（2）原地背對海綿墊跳起體會肩背著墊動作

【要求】：起跳時身體向斜後上方用力，當人騰起後肩背下潛展髖，人體成反弓型（圖 2-25）。

注意與墊子之間的距離，注意安全。

（3）原地（腳踏跳箱蓋）背對海綿墊站立接跳起越過橡皮筋體會肩背著墊動作（圖 2-26）。

【要求】：起跳離地時，身體向上舒展後再向後引肩倒體，逐步增加挺髖幅度，注意形成良好的時空感覺，根據橫杆的高度控制過杆動作節奏。

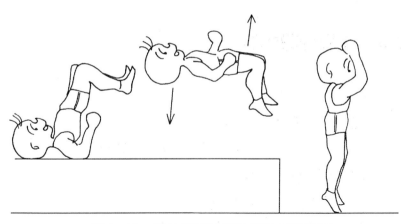

圖2-25　原地背對海綿墊展髖倒肩練習

圖2-26　借踏板原地過杆練習

2.3 專項身體素質

（1）快速擺臂。

（2）快速擺腿。

（3）快速提肩、拔腰（徒手或持小啞鈴）。

（4）仰臥快速挺髖。

（5）仰臥快速收腹舉腿。

（6）由高處跳下著地後蹬伸起跳腿。

（7）徒手或負輕重量，跳深接以手或頭觸高物練習。

（8）連續跳深。

2.4 訓練應注意的原則

（1）練習時注意循序漸進，逐步增大動作的幅度和練習數量。

（2）跑、跳相結合，各個部位不宜多練，注意傷病。

（3）訓練量的大小與訓練水準有關，一般訓練水準高的運動員，訓練時間相對較長，為 1～1.5 小時，而能力等較弱的同學一般活動時間較少，為 45 分鐘至 1 小時。

（4）一般訓練負荷為一天量大，一天量中或量小。

2.5 比賽的技巧

有的同學比賽成績比原有訓練成績還好，有的同學比賽成績不如訓練，成績下降，這些說明比賽技巧和比賽心理也是十分重要的。

選擇比賽時機，對試跳成績有一定影響，時機過早跳的次數較多，失誤的機會相對較大，隨著橫杆的升高，能力、體力達到一定程度後就會逐漸下降，有可能成績不如以前。因此，試跳的時機不能太早，一般以自己跳過最好的高度前 5～6 次開始試跳。

如，你最好跳 1.20 公尺，如果升高度的計劃是 1.00 公尺、1.05 公尺、1.10 公尺、1.15 公尺、1.20 公尺、1.23 公尺、1.26 公尺，你應該在 1.05 公尺或 1.10 公尺左右開始試跳，加上你在以後的幾個高度上失敗的次數，應該在第 5～6 次試跳時跳 1.20 公尺這個高度，這時人的精力達到比較旺盛時期，就有可能跳到 1.23 公尺左右；如果你今天的體力不好，最好在起跳的第一或第二個高度試跳一次，如果很輕鬆地越過橫杆，則應該在接下來的高度上免去一或兩個高度，按照原來自己制定的計劃進行；若試跳以後的確狀態不好，則應及時調整高度計

劃，跟著原來跳過後的高度，繼續進行下一個高度的試跳，直到試跳比賽結束。

身體、狀態好的時候，跑、跳都感到比較輕鬆，如果在比賽前練習的時候發現步點超過原有的起跳點，試著跑了兩次後仍是這樣，應把超出的部分略向後移動，超出多少，助跑開始時向後移動多少。體力不好時則相反。

如遇風時，順風時可略向後跳一些，逆風則相反。

2.6　可能出現的傷病及其治療

損傷是必須意識到的事情，每一項田徑運動的訓練或比賽都存在著危險，明確這點就有可能明確事故隱患的危害及危險，在保證安全的情況下能夠及時、準確地處理可能出現的危險。

運動創傷產生的原因及預防：

對於運動員來說，預防比治療更重要，當然除預防外，掌握一些容易發生損傷部位的預防方法也十分重要。

受傷事故的發生有兩種，一方面是由於某種外傷事故引起的，如起跳時把腳扭傷；另一方面可能是由於勞損造成的，像跟腱勞損等，受傷可能由運動員自身的內在因素引起，也可能由各種外在因素引起。

2.6.1　由提高技能進行預防

技能對於保證安全來講是非常重要的，必須認識到技能訓練不僅是提高成績的途徑，同時也是預防事故的方法。

疲勞對技能也有很大破壞作用，它可能在一次訓練課中出現，也可能由於訓練負荷過高或密度過大引起。當你感覺出現疲勞時應降低訓練負荷。

疲勞的一般症狀：

（1）無精打采、反應慢、缺乏熱情。

（2）食慾減退。

（3）不能安靜入睡，醒來後仍疲倦。

（4）安靜時心率增加。

（5）體重減輕。

（6）希望「逃脫」面臨的訓練或比賽。

（7）訓練課期間不能完全恢復。

2.6.2　由加強身體素質進行預防

加強身體素質可在兩方面減少受傷的危險性，即透過它對肌肉、肌腱和關節所起的作用和由增加一般耐力使運動員能夠在訓練和比賽中不出現疲勞。身體素質包括力量、協調、耐力、速度、柔韌和彈跳等。

（1）柔韌

柔韌是經常被忽視的一種素質，但對跳高運動員來說是非常重要的一部分，它對預防損傷的發生有著重要作用。僵硬的肌肉顯然更易拉傷撕裂，例如，常見的大腿後群肌肉拉傷。可以透過各種方式的伸展練習增加柔韌性，這些練習簡單易行，不需要專門器械，而且只要不懈地練習就能有所提升。

（2）力量

肌肉要使用才能變得更強壯，所採取的訓練負荷必須適應跳高的特殊要求，最好進行反覆練習，合理地加強肌肉力量能對損傷具有更強的防禦作用。如：經常提踵、各種跳，都能幫助運動員提升支撐能力。

2.6.3 由合理營養進行預防

良好、合理的營養可以在訓練課與訓練課之間幫助運動員加快恢復過程，從而起到預防損傷的作用。飲食必須滿足訓練對身體所提出的特殊要求。運動員尤其要攝入足夠的碳水化合物來攝取能量，保持肌肉中的能量儲存，防止疲勞的出現。應在訓練或比賽前 2.5～4 小時吃些易消化的高能食物。像攝入水果、米飯、牛肉、豆製品、牛奶等。

2.6.4　由準備活動進行預防

做準備活動主要有三個原因：
（1）伸展肌肉、肌腱、韌帶。
（2）增加體溫。
（3）刺激運動員在心理和生理上做好準備進入工作狀態。

只要準備活動做得正確，上述三條都有助於預防損傷的發生。準備活動應是有條不紊，從頭開始做至腳趾；或從身體中部開始做，擴展到四肢。

2.6.5　由改善外界環境進行預防

許多受傷事故的發生是由於運動員的粗心大意造成的，我們常會看到，一些運動員被放在跑道旁的器械或其他物品絆倒扭傷踝關節，或被摔傷，因此，在訓練中應高度重視環境的安全問題。

2.6.6　由改善場地設施條件進行預防

安全、設計合理的訓練器材對預防受傷的發生具有重要作用，海綿墊的厚度及中間的縫隙都會對你落地產生危險。

土或爐渣、塑膠場地，它們都可能造成不同的傷害事故，土或爐渣起跳點起跳蹬伸次數過多地面會出現坑

窪，這時應及時墊平或略移動架子更換起跳點。

2.7　易損傷的部位及治療

損傷出現後有許多情況，一般分重傷、中等、輕度傷三種。重傷應立即送醫院救治，輕傷的處理方法簡單給大家介紹一下。

2.7.1　踝關節

踝關節周圍的韌帶損傷是跳高運動員最常見的一種，韌帶損傷常發生於一些改變運動方向，如：助跑起跳時。

【治療】：出現扭傷紅腫後應休息、冷敷、加壓包紮和抬高肢體、按摩、超聲、適度的練習、肌肉力量強化練習等。

2.7.2　小腿前脛、腓骨

小腿前脛、腓骨痛是因為經常做一些跳的練習，落地時造成損害，小腿前脛、腓骨造成發炎。

【治療】：落地時注意緩衝，在較軟的地面上進行，另外應改變練習方式，多做一些衝撞能力小的練習像跑、腹背肌等，改變練習方式 2～3 天即可恢復。

2.7.3 膝關節周圍

膝關節損傷是由於起跳時承受的力量較大，或長期進行大量跳的練習，或起跳前放腿未得到及時緩衝造成的。

【治療】：減少練習次數，改正錯誤動作，對膝關節周圍進行按摩、理療。

2.7.4 腰背部

腰背部損傷是由於經常做一些背弓等造成的，主要原因是動作不正確、挺胸窩腰造成的。

【治療】：腰背部按摩、理療，少做舉槓鈴等重力量練習，過杆時應展髖。

2.8 恢復訓練

由於一些損傷影響訓練，使得訓練終止一段時間。而後進行恢復訓練時，要多做些恢復性練習，如多做些慢跑等恢復體力、強度不大的練習，逐漸加強受傷環節的訓練。

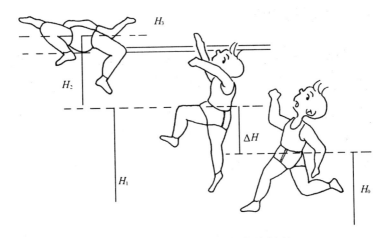

H_3

H_2

ΔH

H_1

H_0

圖 2–27　起跳三個高度的計算

2.9　影響成績提升的因素

影響跳高成績的因素很多，其中主要有：起跳瞬間的速度（腳蹬離地面時的速度）、向上騰起角度（優秀運動員約為 70°左右）、起跳腳離地瞬間重心高度（由身高、動作幅度決定）、人體離地後向上上升的高度、身體重心最高點與橫杆之間的距離（圖 2–27）。

起跳高度的計算公式為：$H = H_1 + H_2 \pm H_3$。

H——人體越過橫杆的高度。

H_1——起跳離地瞬間身體重心的高度。

H_2——身體蹬離地面向上上升的高度。

H_3——身體重心達到的最高點與橫杆之間的距離。

2.10　自我評估方法

同學們經過一段時間訓練後，想了解自己的水準，下面你自己評量一下（表2-1、2、3）。

表 2-1　男子：13 歲跳高業餘選手綜合評定標準

跳高（公尺）	30 公尺起跑（秒）	100 公尺（秒）	後拋鉛球（公尺）	立定三級跳遠（公尺）	助跑摸高（公尺）	鉛球（4 公斤）（公尺）	1500公尺跑	4~6 步助跑過杆（公尺）	得分
1.78	4.5	12.7	9.5	7.4	0.65	8.5	5:30.0	1.67	100
1.75	4.6	12.8	9.0	7.3	0.60	8.0	5:40.0	1.65	95
1.73	4.7	12.9	8.5	7.2	0.55	7.5	5:50.0	1.63	90
1.70	4.8	13.0	8.0	7.1	0.50	7.0	6:00.0	1.60	85
1.67	4.9	13.1	7.5	7.0	0.45	6.5	6:10.0	1.57	80
1.65	5.0	13.2	7.0	6.9	0.40	6.0	6:20.0	1.55	75
1.63	5.1	13.3	6.5	6.8	0.35	5.5	6:30.0	1.52	70
1.60	5.2	13.4	6.0	6.7	0.30	5.0	6:40.0	1.50	65
1.55	5.3	13.5	5.5	6.6	0.25	4.5	6:50.0	1.47	60

表 2-2　女子：13 歲跳高業餘選手綜合評定標準

跳高（公尺）	30 公尺起跑（秒）	100 公尺（秒）	後拋鉛球（公尺）	立定三級跳遠（公尺）	助跑摸高（公尺）	鉛球（4 公斤）（公尺）	800 公尺跑	4～6 步助跑過杆（公尺）	得分
1.48	4.6	13.3	7.0	6.6	0.55	7.5	2:55.0	1.40	100
1.45	4.7	13.4	6.5	6.5	0.50	7.0	3:00.0	1.38	95
1.42	4.8	13.5	6.0	6.4	0.45	6.5	3:05.0	1.35	90
1.40	4.9	13.6	5.5	6.3	0.40	6.0	3:10.0	1.32	85
1.37	5.0	13.7	5.0	6.2	0.35	5.5	3:15.0	1.30	80
1.35	5.1	13.8	4.5	6.1	0.30	5.0	3:20.0	1.27	75
1.32	5.2	13.9	4.0	6.0	0.25	4.5	3:30.0	1.25	70
1.28	5.3	14.0	3.5	5.9	0.20	4.0	3:40.0	1.22	65
1.25	5.4	14.1	3.0	5.8	0.15	3.5	3:50.0	1.20	60

表 2-3　女子：14 歲跳高業餘選手綜合評定標準

跳高（公尺）	30 公尺起跑（秒）	100 公尺（秒）	後拋鉛球（公尺）	立定三級跳遠（公尺）	助跑摸高（公尺）	鉛球（4 公斤）（公尺）	800 公尺跑	4～6 步助跑過杆（公尺）	得分
1.55	4.5	13.0	8.5	6.8	0.60	8.0	2:45.0	1.45	100
1.52	4.6	13.1	8.0	6.9	0.55	7.5	2:50.0	1.42	95
1.49	4.7	13.2	7.5	7.0	0.50	7.0	2:55.0	1.39	90
1.45	4.8	13.3	7.0	7.1	0.45	6.5	3:00.0	1.36	85
1.42	4.9	13.4	6.5	7.2	0.40	6.0	3:10.0	1.33	80
1.38	5.0	13.5	6.0	7.3	0.35	5.5	3:15.0	1.30	75
1.35	5.1	13.6	5.5	7.4	0.30	5.0	3:20.0	1.28	70
1.30	5.2	13.7	5.0	7.5	0.25	4.5	3:25.0	1.25	65
1.28	5.3	13.8	4.5	7.6	0.20	4.0	3:30.0	1.23	60

怎樣跳得高

如果你想跳得更高

——給 15～17 歲的青少年朋友

（高級階段）

3.1 怎樣才能成為出色的跳高運動員

經過初級和中級的訓練，你一定已經對跳高運動這個項目產生了濃厚的興趣，夢想自己能夠成為一名出色的跳高運動員，在運動場上身輕如燕，自由地騰越。

要想實現自己的夢想，不僅自己要具有其天賦，更重要的是要透過科學系統的跳高運動的身體素質訓練，不斷改進和完善自己的跳高技術，才能提高你的專項水準，真正成為一名優秀的跳高運動員。

3.1.1 跳高運動員需要哪些專項身體素質

經過幾年的訓練，你已經具有了跳高運動員良好的身體機能和雄厚的一般身體素質的基礎，但要想進一步

提升你的專項水準，真正成為一名優秀的跳高運動員，除必須進行科學、系統的跳高一般身體素質訓練，不斷改進和完善自己的跳高技術外，還要進一步發展和提升你的專項力量、專項速度、專項彈跳、專項柔韌和專項協調等專項身體素質。

3.1.2　跳高運動員專項身體素質訓練的內容與方法

（1）專項力量訓練的內容與方法

跳高運動的專項力量一般指起跳過程中的支撐力量（退讓工作所需力量）和蹬伸力量（克制工作所需力量）。這種專項力量是衡量一名運動員水準高低的重要標準。因為一名優秀跳高運動員起跳過程中的支撐力量達近千公斤，所以，我們一定要非常重視這種專項力量的發展。

①發展專項支撐力量（退讓工作所需力量）訓練方法

練習 1：員槓鈴後傾半蹲

【方法】：負自己體重 120% 至最大負荷重量的槓鈴，略後傾半蹲練習 8～10 組，每組 6～4 次，每組中間調整 3～5 分鐘。可做些上肢練習或跳躍練習（圖 3－1）。

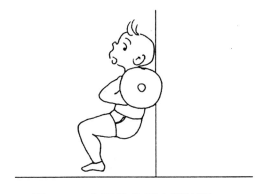

圖 3-1　負槓鈴後傾半蹲練習

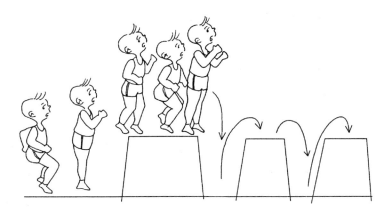

圖 3-2　跳深練習

練習 2：跳深練習

【方法】：跳躍欄架或跳箱 5~8 個，5 次×6~8 組為宜。每組中間調整休息 2~3 分鐘，可做些上肢練習（圖 3-2）。

圖3-3　負槓鈴前傾半蹲

欄架或跳箱高度：1.00公尺左右。間距：1.20公尺左右。

②發展專項蹬伸力量（克制工作所需力量）訓練方法

練習1：負槓鈴前傾半蹲練習

【方法】：基本同負槓鈴後傾半蹲練習。負自己體重120%至最大負荷的重量的槓鈴，略前傾半蹲練習8～10組，每組6～4次，每組中間調整休息3～5分鐘。可做些上肢練習或跳躍練習（圖3-3）。

③單足跳深過杆練習

此練習主要是最大限度地發展運動員的起跳腿支撐能力。因為，一名優秀運動員的水準如何，主要體現在其起跳腿支撐能力水準如何，所以，它也可以作為測試運動員水準的一個重要指標。

圖3-4 單足跳深過杆

（2）專項速度訓練的內容與方法

跳高運動的專項速度，一般指跳高起跳過程中的動作速度和助跑過程中的位移速度。動作速度與力矩和動作路線有直接的關係。位移速度與助跑過程中的步幅和步頻密切關連。

①發展專項動作速度訓練方法

縮小力矩和動作路線的練習：如折疊緊腿、臂的擺動練習；小步幅快頻率的起跳練習；坐式過杆的練習等。

②發展專項位移速度訓練方法

50公尺弧線加速跑：8～10次。要求重心高而平

穩，步幅開闊或頻率快，計時或集體跑均可。

全速助跑練習：12步以上全速助跑練習。15～20次。

（3）專項彈跳訓練的內容與方法

①正面助跑直體過杆

此練習來源於傳統的練習方法之一。正面助跑，直體過杆，強調一個直字。充分發揮運動員的彈跳能力和改進起跳能力，對運動員掌握和進一步改進起跳技術、提高運動成績有著正面的影響（圖3-5）。

②弧線助跑跨越式跳高

跳高最原始的姿勢是跨越式，其過杆動作簡單，主要靠運動員的先天身體素質。今天我們用來練習主要是

圖3-5　直體過杆

發展運動員起跳充分向上的能力。

　　要求弧線助跑起跳，跨越式跳高動作在充分向上的基礎上，體正，沿身體縱軸向上提拔用力（圖3-6）。

③助跑摸高（或頭觸高）練習

　　此練習與背越式跳高助跑起跳用力極接近，經常被跳高專家列為專項素質、彈跳能力練習的重要方法之一（圖3-7)。

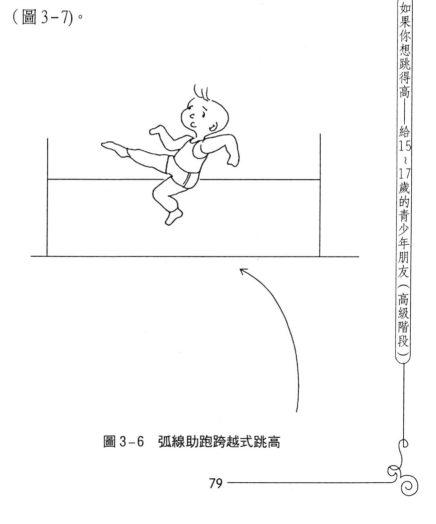

圖3-6　弧線助跑跨越式跳高

圖 3-7　頭觸高

（4）專項柔軟和協調訓練的內容與方法

①仰臥打腿起練習：一般 10 次×4～6 組。

【方法】：在墊子上仰臥收腿至胸前後快速打壓腿並制動後挺髖展體站立（圖 3-8）。

②下橋練習：一般 10 次×4～6 組。

【方法】：在墊子上仰臥後收小腿和兩前臂支撐後挺髖成橋（圖 3-9）。

③後軟翻練習：一般 10 次×4～6 組。

【方法】：原地站立後仰手支撐後繼續後翻站立（圖 3-10）。

怎樣跳得高

4 3 2 1

圖 3-8 仰臥打腿起

圖 3-9 下橋

圖 3-10 後軟翻

圖 3-11　跪仰挺髖起

④**跪仰挺髖起練習**：一般 10 次×4～6 組。

【方法】：跪仰在墊子上，挺髖成跪起姿勢（圖 3-11）。

3.1.3　怎樣進行跳高運動員的技術訓練

此階段的技術訓練應在熟練和鞏固基本技術的基礎上逐漸加大技術訓練的量次、強度（高度）及難度。

（1）完整技術重複訓練法

【目的】：熟練和鞏固基本技術，增加練習次數30～40 次。強度為 85%～95%。

（2）完整過杆技術成功率練習

要求過杆的成功率。成功兩次提升一個高度，失敗

圖 3-12　跳高海綿床

一次降低一個高度。30～40 次。強度為 80%～90%。

（3）完整技術比賽練習

提升練習的強度，強度為 80%～100%。

（4）完整技術技評練習

提升技術練習的控制能力。強度為 70%～90%。

（5）跳高海綿床練習

25～30 次，強度為 70%～100%（圖 3-12）。

中國優秀運動員朱建華，就是將此練習作為一主要專門技術練習方式進行訓練，所以三破世界紀錄。在國內、國外跳高訓練過程中，普遍採用此練習。此練習對運動員有誘導和限制作用，能有效改進運動員的助跑起跳技術和杆上動作，是一種行之有效的專項技術練習手段。20～30 次，強度為 70%～100%。

（6）逐漸加長助跑距離的過杆練習

【方法】：在原有助跑距離的基礎上每加長 2～3 個腳掌長度練習 3～5 次，逐漸進行，直至感覺跑不上來為止，然後，縮減到最後一次未加長的距離。此距離為你目前助跑的距離。這樣，你可以將自己的助跑步幅達到最大，放鬆大膽地助跑，速度達到本人的最快程度。20～30 次為宜。

3.1.4 現代跳高運動員的技術特點及發展趨勢

（1）速度快：背越式跳高能充分發揮速度的作用。中國當年的優秀背越式跳高運動員朱建華就是以速度快著稱，他的訓練、技術特點就是以速度為中心。

（2）技術簡捷、自然、易學，提高成績迅速。

（3）助跑距離長：由於現代背越式跳高的技術能充分利用速度的特點，優秀背越式跳高男子運動員助跑距離從 8 步延至現在的 12～14 步。

（4）動作協調放鬆：背越式跳高的全部技術具有輕鬆自如的特點，需要運動員具備體操的柔軟和協調性，特別是杆上技術，與體操的空翻沒有什麼兩樣，只是增加了一根橫杆的難度而已。

（5）跳高的杆上技術從大背弓發展到波浪式過杆，也充分地體現出速度快和技術簡捷充分向上的特點和發展趨勢。

（6）助跑路線呈拋物線型。這樣不但可以在前段充分發揮速度，又能在助跑的後段達到最大的內傾，充分地利用速度。

（7）背越式跳高的起跳動作呈螺旋動作，邊起邊轉，轉體自然，充分向上。沿垂直軸用力效果好。

（8）速度和力量的有機結合是背越式跳高發展的總體趨勢。

3.1.5　訓練水準的評估方法

經過一段的訓練後，你一定想了解自己的水準如何。這裡為你準備了一份訓練水準的評估表，自己一查便知。

表 3-1　訓練水準的評估方法表

項目	性別 年齡 等級	男子			女子		
		15 歲	16 歲	17 歲	15 歲	16 歲	17 歲
跳高成績 （公尺）	優	1.9	2.0	2.1	1.7	1.75	1.8
	良	1.8	1.9	2.0	1.6	1.65	1.7
	及格	1.7	1.8	1.9	1.5	1.55	1.6
100 公尺跑 （秒）	優	12.2	11.7	11.5	13.2	13.0	12.8
	良	12.5	12.0	11.8	13.5	13.2	13.0
	及格	13.0	12.5	12.0	14.0	13.6	13.4
立定三級跳遠 （公尺）	優	7.9	8.3	8.7	6.8	7.2	7.6
	良	7.6	8.0	8.4	6.6	7.0	7.4
	及格	7.4	7.8	8.2	6.4	6.8	7.2
助跑摸高 （公分）	優	87	95	100	65	70	75
	良	75	90	95	63	68	73
	及格	65	80	90	60	65	70
短程助跑跳高 （公尺）	優	1.8	1.9	2.0	1.6	1.65	1.7
	良	1.7	1.8	1.9	1.5	1.55	1.6
	及格	1.6	1.7	1.8	1.4	1.45	1.5

3.2　如何贏得比賽

　　實力是贏得比賽最基本的條件。當你具有一定的實力以後，可以說你已經具有贏得比賽的可能。但是，要

怎樣跳得高

想贏得比賽，在比賽前心理上應做好準備，形成良好的競技狀態，對自己比賽前心理容易出現的不佳狀況做積極的調整。

3.2.1 什麼是競技狀態

如果賽前你身體各方面的狀況都很好，我們就可以說你的賽前狀態好，對專業運動員來說，就是賽前競技狀態良好。

比賽前的競技狀態良好，主要取決於賽前的心理準備。正如美國著名田徑運動員劉易斯，曾經談到的：「平時主要是身體上的準備，比賽前 90% 是心理上的準備。」

3.2.2 賽前心理上應做好哪些準備

賽前心理準備的主要內容是增強自己的心理穩定性和必勝的信念。

首先要明確比賽的任務，建立一個合適的目標。賽前不要過多考慮比賽的勝敗，應像平時訓練那樣把自己的成績發揮出來。

當你看到許多運動員和觀眾在注視著自己，往往會很緊張，缺乏自信心，如果你不去正確調整就會不戰自敗。這時你要鼓勵自己敢於競爭，敢於戰勝所有對手，這就是自己有必勝的信心。

3.2.3 在比賽前心理容易出現的幾種不佳狀況

心理狀況不佳就是賽前心理反應異常，不利於在賽中創造優異成績。在賽前一般容易出現的現象有下列幾種：

（1）過分激動狀態

這種情況多見於運動員參加重要比賽時，由於自己訓練水準低、比賽經驗差造成的。有些激動型的運動員也容易表現出過分激動狀態。

當你處於這種狀態時，常表現出情緒緊張、心跳加快、呼吸短促、四肢顫抖無力、尿頻尿急等。過分激動狀態會影響你的運動水準正常發揮。

（2）淡漠狀態

由於對比賽的不利條件想得過多和過度訓練等原因，致使運動員缺乏堅強的戰鬥意志和信心，這時運動員情緒低落，全身軟弱無力，意志低沉，缺乏信心，體力明顯下降，反應遲鈍，缺乏果敢精神，甚至於設法逃避比賽。

（3）盲目自信狀態

對於即將來臨的比賽的複雜性和困難條件估計不

足，過高估計了自己的能力，相信自己能輕易取勝。運動員處於該狀態時，雖然意識有獲得勝利的願望，但心理準備不足，或神經系統的興奮程度不夠，造成自身運動水準的發揮不利。

3.2.4 賽前心理調整方法

為了避免出現以上不良現象並獲得良好的競技狀態，應該在賽前積極地進行調整放鬆，方法如下：

（1）肌肉放鬆法

在你賽前較為緊張時，有意識地控制某些肌肉群放鬆，可以起到調節情緒的效果，比如當你表情緊張時，必然表現在面部肌肉的緊張上，這時，你可有意識地強迫自己微笑，就可以使面部肌肉放鬆，並給你帶來情緒上的愉快。或者看看別人的笑臉，借助別人的情緒來影響自己，也能得到調節情緒的作用。

你可以透過適當的方法來獲得隨意調節肌肉緊張和放鬆的能力。基本的原則是，使各種不同的肌肉群輪流地緊張和放鬆，或在一部分肌肉緊張的同時，放鬆另一部分肌肉。

（2）呼吸調整法

你也許看過不少運動員在賽前總愛做幾次深呼吸，

然後投入比賽。因為人的情緒狀態可以透過不同節奏的呼吸進行調節。在輕微活動的同時，進行深呼吸，使吸氣時肌肉的緊張和呼氣時肌肉的放鬆結合起來，來穩定波動的情緒。

（3）自我暗示法

自我暗示的意思就是自己對自己進行適當提示，來調整心理狀態，這種方法在臨場比賽時比較有效。

自我暗示時，暗示的詞語應是肯定意義的，如暗示自己「我非常鎮定」「我現在狀態良好」「我的身體放鬆而且有力量」「我一定能在比賽中取得好成績」等。一定要避免用否定的暗示語，如「不要緊張嘛」「幹嘛要驚慌呢」等，由於這些提示有「緊張」「驚慌」等的詞語，往往起不到調節緊張情緒的作用。

（4）注意力轉移法

運動員產生緊張情緒，往往是把注意力集中在對自己不利的事物上。如老想著對手的強大，因而害怕。出現這種情況，你就應該有意識地轉移自己的注意力，轉移到增強信心的事物上，如想想以前自己的成功經歷、與別人談比賽之外的事，甚至聽聽音樂等，來消除自己的緊張情緒。

3.2.5 賽前什麼樣的感覺最好

在賽前出現良好的心理反應，對比賽中創造好成績有幫助。

良好的心理反應，在賽前表現為賽前適宜的準備狀態。這種狀態的形成是在訓練期間有目的地培養起來的。這時的神經興奮性處於與運動項目比賽時相適宜的程度。運動員表現出精神飽滿、對比賽躍躍欲試、注意力集中在即將來臨的比賽上。

賽前有這樣的感覺你就可以信心百倍地參加比賽了，肯定能發揮出最好的水準。

3.3　如何在日常生活中進行獨立能力的培養

3.3.1 訓練要有明確的目標，生活應有條不紊

正常而有節律的生活起居，對保證你科學系統的訓練和提升成績是十分重要的。如何在生活中進行自我管理？

首先要建立明確的合理的訓練目標，包括身體素質、專項成績、比賽名次等。

當你有了明確的目標以後，就要為之不懈地奮鬥。可以制定一個作息時間和訓練時間表，以保證你的學習

和訓練不發生衝突，保證你每天 8～9 個小時足夠的睡眠。

這時意志品質有著關鍵作用。你應該用堅強的意志品質來約束自己，嚴格遵守自己所制定的制度，保持訓練的正常進行。

3.3.2 怎樣安排飲食

（1）訓練過程的飲食

運動員身體素質的優劣除與先天的遺傳有關外，還與長期的飲食有關。

如果運動員的營養狀況差，運動能力則下降，就難以接受大運動量的系統訓練；而運動員的營養過剩，也會導致運動員的體重不應有的增加，這樣都會影響運動素質和成績的提升。

因此，合理的飲食是保證訓練的基本條件。

（2）賽前飲食

不要空腹參加比賽，應在賽前 2～3 個小時吃最後一餐。食物應體積小、含高能、易消化、合胃口，以糖為主，盡量不吃豆類、肥肉、韭菜、芹菜、粗雜糧等纖維多、難消化、易產氣的食物。

短時間比賽結束的項目，不考慮能量是否足的問

題，長時間比賽項目，應有充足的熱能。

（3）賽中飲食

田徑比賽中，特別是長距離比賽的項目，由於運動員體內水、鹽損失多，能量消耗大，賽中補充一定的能量和水、鹽對維持運動能力有著很好的作用。

但原則是少量多次。飲料通常以鮮果汁、糖、檸檬酸、食鹽等加水配成。

3.4 如何準備訓練和比賽的服裝

訓練時的著裝應以輕便、舒適為佳，建議盡量不要穿純尼龍、化學纖維等貼身衣褲。最好穿著以棉為主的衣物，一是吸汗性好，二是透氣性好，對身體健康有利。

比賽的著裝除此之外，還必須要符合規則要求。

釘鞋是訓練和比賽必備的，選擇時應注意穿著舒服、輕巧、耐用。比賽的運動鞋必須符合規則要求。

一般鞋釘分為長釘和短釘兩種，長釘用於煤渣等跑道，短釘用於塑膠跑道。換鞋釘用的扳手和鉗子最好隨身攜帶，以便隨時更換。鞋釘也要存有備用，以防因此影響訓練和比賽。

3.5 撐竿跳高簡介

3.5.1 撐竿跳高演變概況

據史料記載，第一撐竿跳高世界紀錄誕生於 1817年，高度是 2.92 公尺。

一個世紀以來，撐竿跳高運動發展迅速，世界紀錄更新之快在田徑各項目中首屈一指。這除了具有與其他項目成績增長相同的原因外，撐竿的不斷變革是引起比賽成績突飛猛進的重要原因。

根據撐竿的不斷變革，撐竿跳高技術的演變分為以下幾個階段：

木製杆：

澳洲早年不產竹子，故當時的「撐竿」都是木製的。這一時期技術上的重要變化是廢止了「爬杆跳高」，產生了插「杆」和擺體的雛形。1906 年美國運動員沙姆斯創造了 3.78 公尺的木杆最高紀錄。

竹竿：

1905 年歐洲從日本和中國引進了竹子，並於 1909年運用於撐竿跳高項目中。從此撐「杆」跳高易名為撐竿跳高，並沿用至今。由於竹竿輕且有彈性，這一時期相繼出現了懸垂擺體、後仰舉腿、拉引推竿及弓身式過

怎樣跳得高

杆技術。1942 年美國運動員沃達以 4.77 公尺創造了竹竿時期的最高紀錄。

竹竿的運用，曾對撐竿跳高技術發展和運動成績的提升起到了重要的促進作用。

金屬竿：

由於竹竿易斷，後來人們逐漸用金屬代替了竹竿，1952 年鋁合金撐竿問世。金屬竿質地結實，使得運動員敢於提高握點，並加大了擺體幅度，1960 年美國運動員以 4.82 公尺創造了金屬竿的最高紀錄。

然而，由於金屬竿的彈性不及竹竿，所以，這一時期撐竿跳高技術的發展和成績的提升都受到一定的限制，沒有體現出更新的技術特點。

玻璃鋼竿：

1962 年國際田徑聯合會正式批准使用玻璃鋼撐竿，它是用玻璃纖維和有機樹脂黏合後，經過多種工藝處理而成的，因此，具有質輕、彈性好、高強度等優點。

使用玻璃鋼竿使撐竿跳高技術有了明顯的改變，其主要特點是將人體在助跑時和起跳過程中所獲得的動能，能夠有效地轉化為撐竿的彈性勢能，並利用這一勢能的釋放，加大人體的動能和重力勢能，從而越過更高的橫杆。使用這種撐竿後運動成績提升很快，世界紀錄被運動員們一破再破，目前的世界紀錄為烏克蘭運動員

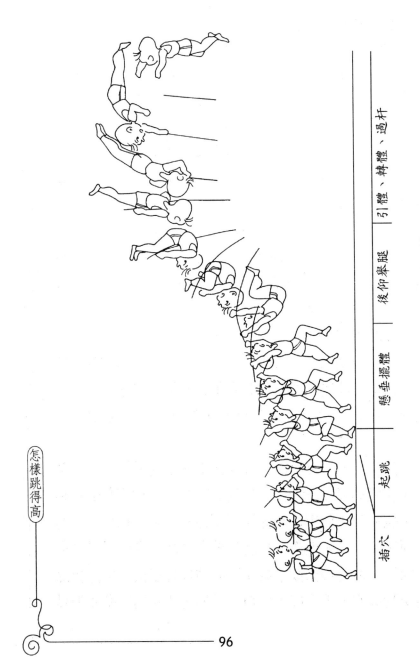

怎樣跳得高

圖 3-13 撐竿跳高完整技術

| 插穴 | 起跳 | 懸垂擺體 | 後仰舉腿 | 引體、轉體、過杆 |

圖 3-14　持竿和持竿助跑技術

布勃卡所創造，成績為 6.14 公尺。

　　自 1995 年開始，隨著國際業餘田徑聯合會正式設立女子撐竿跳高項目，世界各國競相利用自身原有的田徑基礎和先進的科技水準大力發展女子撐竿跳高運動，使女子撐竿跳高運動的運動成績和技術水準在短短的幾年時間裡有了很大的提升。目前美國運動員德拉吉拉創造的世界紀錄為 4.63 公尺。

3.5.2　如何掌握金屬竿撐竿跳高技術

　　撐竿跳高的完整技術是由握竿和持竿、持竿助跑、準備起跳、懸垂擺體、後仰舉腿、引體、轉體、推竿和騰越橫杆及落地等技術環節組成。

　　（1）學習持竿和持竿助跑技術（以左腳起跳為例）

　　①認真聽教練員講解持竿的方法，持竿時竿子應放

圖3-15　單桿上或吊繩上做懸垂練習

置的部位，並認真觀察教練員做示範，然後按照教練員的指派原地練習持竿技術。

②持竿走至慢跑，注意持竿的肩和兩臂與兩腿邁步動作的協調配合。

③持竿小步跑、高抬腿跑、後蹬跑等。開始動作慢點，然後適當加快。

④持竿加速跑，要求稍含胸，跑時步子要有節奏，擺動腿高抬膝與地面平行，後蹬充分，身體重心要高，有彈性地進行持竿跑。

（2）學習竿上懸垂

①在單槓上或吊繩上做懸垂練習，起跳懸垂後起跳腿伸直，擺動腿屈膝，注意肩放鬆不要擺引身體（圖3-15）。

圖 3-16　竿上懸垂

②原地竿上懸垂練習撐竿直立，兩手盡量向上握，右手在上，左手在下，兩手握距同肩寬，兩手緊握撐竿的同時，兩臂要控制住撐竿，特別是左肘控制，抬起兩腿成弓箭步，即起跳腿伸直留在後面，擺動腿屈膝，使人體懸垂於撐竿上（圖 3-16）。

③上一步竿上懸垂練習

要求兩手握竿舉放在額頭前上方（握竿高度同原地懸垂握竿相同或稍高），竿頭抵住地面，起跳時向前邁一步蹬地起跳，使人體垂於竿上（圖 3-17）。

④走動中竿上懸垂練習

兩手握竿舉在頭前上方，向前走動中將竿頭抵住地

圖 3-17　上一步竿上懸垂

圖 3-18　走動中竿上懸垂

面做起跳，使人體懸垂於竿上向前擺動落地，可在連續
走動中進行練習（圖 3-18）。

　　⑤站在跳箱或高臺上，做起跳竿上懸垂，向前擺動

圖3-19　站高臺上起跳竿上懸垂擺動

後落入沙坑或海綿坑內，也可結合上一步起跳做竿上懸垂動作（圖3-19）。

（3）學習舉竿插穴與起跳技術

①原地持竿與地面接近平行，左腿在前，右腿在後，當右腿向前邁腿的同時，右手腕向內翻，左手腕隨右手腕反腕的同時向外反腕，兩手臂同時舉竿，這時左肘朝下舉到頭前，右手舉到頭側接近右耳部位。當以上動作結束右腿正好落地、向前邁起跳腿移動身體重心的同時，兩手臂把撐竿高舉到頭的正前上方。動作由分解到連續，由慢到快，並注意舉竿與邁腿的配合，動作應一致，並可結合起跳的同時做舉竿動作。

②助力下練習插竿起跳

如果你想跳得高——給15～17歲的青少年朋友（高級階段）

圖 3-20 舉竿插穴與起跳

　　把竿頭插入穴斗或沙坑內，學生站在起跳點上，兩手握竿上舉站成起跳姿勢，利用同伴雙手推後肩背的力量離地。站起跳離地動作，借助向前推的力量，人體與竿子向前移動落入沙坑或海綿坑內（圖 3-20）。

　　③上一步起跳竿上懸垂擺體練習

　　把竿子插入沙坑內，撐竿放在右肩上，右手握竿（握竿點不要太高），擺動腿在前，起跳腿在後，上體稍弓身向前。這時，向前邁起跳腿，同時右手將竿推舉到頭前上方，左手很快握住撐竿，然後起跳將身體懸垂在竿上，並向前擺體落入沙坑內（圖 3-21）。

　　④上兩步舉竿起跳練習

　　持竿助跑 2～4 步，然後在沙坑裡插穴起跳。隨著技術的熟練逐漸從沙坑轉移到正式穴斗處起跳（圖 3-

圖 3-21　上一步起跳竿上懸垂擺體

圖 3-22　上兩步舉竿起跳

22）。

⑤短距離插穴起跳練習

持竿助跑6～8步，然後做插穴起跳練習。熟練以後加長助跑距離和步數到2～14步。

圖3-23 利用吊繩、吊環或單槓做擺體後倒舉腿

⑥丈量助跑距離

撐竿跳高助跑步點的丈量和跳遠步點的丈量方法基本相同。但是，由於跑時手持竿有一定限制，因此，步幅略小於跳遠助跑的步幅。

（４）學習懸垂擺體接後倒舉腿技術

①利用吊繩、吊環或單槓做擺體後倒舉腿練習

兩手握住繩、環或槓，將身體懸垂，然後利用擺動

的起浪順勢擺體後倒，收腹舉腿成反倒立狀態。熟練後做上一步起跳兩手握繩、環、槓或 4～6 步起跳握吊繩，利用身體向前的擺動直接做出擺體後倒和收腹舉腿（圖 3-23）。

②高臺上起跳懸垂擺體後倒舉腿練習

站在 1.50～1.60 公尺高度的臺上，持竿向前跑二三步舉竿起跳，向前擺體，然後收腹後倒舉腿。動作一定不要快，但不能做手臂的拉引（圖 3-24）。

③短距離助跑舉竿插穴起跳懸垂擺體接後倒舉腿練習

握竿點適宜，助跑 8～10 步，插穴起跳，利用身體向前擺動迅速做出後倒收腹舉腿技術動作（圖 3-25）。

圖 3-24　高臺上起跳懸垂擺體後倒舉腿

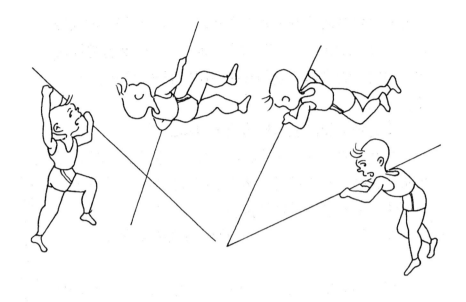

圖 3-25　短助跑插穴起跳懸垂擺體接後倒舉腿

（5）學習拉引轉體與過杆技術

①持竿拉引的模仿技術練習

　　兩手握住撐竿，將竿頭頂住穴斗或牆角處，背對穴斗或牆角，撐竿靠近腰的左側部位，擺動腿抬起與撐竿接近平行，然後兩臂用力順竿縱軸做拉引動作，同時擺動腿借助拉引的力量順撐竿的頂端向前伸，做拉引轉髖推竿的動作（圖 3-26）。

　　②利用吊繩、吊環或單槓做懸垂擺體接後倒舉腿及拉引轉體練習

圖 3-26　持竿拉引的模仿技術

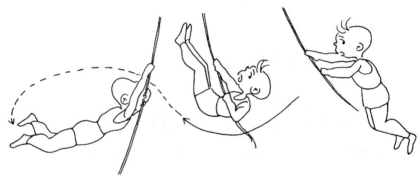

圖 3-27　吊繩懸垂擺體接後倒舉腿及拉引轉體

上一二步跳起握住繩、環或槓，順勢懸垂擺體，收腹舉腿後倒舉腿並做出拉引轉體動作（圖 3-27）。

③過杆推手的技巧練習

在墊子上或跳箱蓋上後滾翻推手成倒立，然後收腹屈體越過橫杆（圖 3-28）。

図 3-28　過杆推手

（6）學習撐竿跳高完整技術

①短距離插穴起跳過杆練習

持竿助跑 8～10 步，舉竿插穴起跳，懸垂擺體，收腹後倒舉腿，拉引轉體越過一定高度的橫杆（圖 3-29）。

②中程距離助跑插穴起跳過杆練習

持竿助跑 12～14 步，舉竿插穴起跳，懸垂擺體，收腹後倒舉腿，拉引轉體越過一定高度的橫杆（圖 3-30）。

③全程助跑插穴起跳過杆完整技術練習

隨著助跑起跳技術的提升，逐步加長助跑距離至全程助跑 18～20 步，並適當提高握竿點，持竿助跑逐步

怎樣跳得高

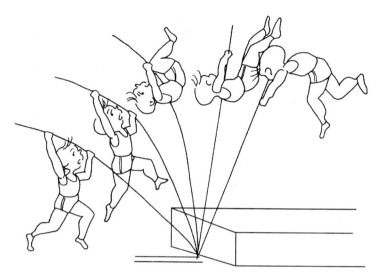

圖 3-29　短距離插穴起跳過杆

圖 3-30　中距離插穴起跳過杆

圖 3-31　原地頂竿彎竿

加速，最後幾步助跑積極放鬆，舉竿到位擺體效果好，收腹後倒向上方舉腿，然後拉引轉體過杆。

3.5.3　如何掌握尼龍竿彎竿技術

（1）原地頂竿彎竿練習

　　將撐竿竿頭抵在穴斗或牆角，右臂伸直，左臂屈肘大於 90°控制住撐竿，起跳腿上一步蹬直支撐住，擺動腿屈膝折疊小腿向前擺動，利用肩胸猛烈向前的力量和蹬地支撐的力量把撐竿頂彎，並控制 1、2 秒後退回原地（圖 3-31）。

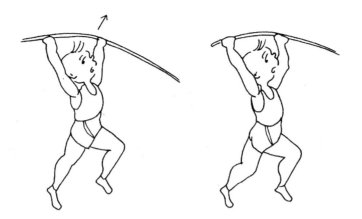

圖 3-32　中程助跑舉竿插穴起跳彎竿擺體

（2）3～4 步助跑舉竿彎竿練習

　　持竿，放鬆跑 3～4 步，將竿頭頂在穴斗或牆角做舉竿動作，同時起跳腿蹬直支撐住，腳不離開地面，人體向前逼近撐竿，使竿子彎曲。

（3）中程助跑舉竿插穴起跳彎竿擺體練習

　　持竿助跑 12～14 步舉竿插穴起跳，彎竿擺體。起跳時，右臂伸直，左臂彎曲不小於 90°，並用力控制住撐竿。當竿彎曲向前滾動時，兩手臂要緊握撐竿不鬆手，特別是左手一定要頂住撐竿並且控制住竿，隨著竿子向前滾動擺體，當撐竿向前由彎到直後順勢落在海綿坑裡（圖 3-32）。

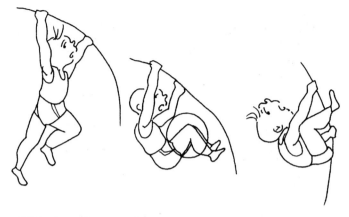

圖3-33　中程助跑插穴起跳彎竿擺體收腹後倒舉腿

（4）中程助跑插穴起跳彎竿擺體收腹後倒舉
腿練習

持竿助跑 12～14 步舉竿插穴起跳，彎竿擺體。起
跳後右臂伸直，左臂彎曲不小於 90°，用力控制住撐
竿。

當竿彎曲向前滾動時，兩手臂要緊握撐竿不鬆手，
特別是左手一定要頂住撐竿，隨著竿子向前滾動擺體，
用兩肩壓竿控制住竿，同時後倒收腹舉腿。

當撐竿由彎曲到直時，身體充分利用這一彈性成反
倒立向上彈起，然後隨著竿子向前下落而順勢落在海綿
坑裡（圖3-33）。

圖3-34　中程助跑起跳彎竿過杆

（5）中程助跑起跳彎竿過杆練習

在練習（4）的基礎上架起橫杆，助跑起跳彎竿擺體後倒舉腿，然後拉引轉體推竿越過橫杆（3-34）。

（6）全程助跑完整技術練習

在練習（4）、（5）的基礎上加長助跑距離到全程助跑，做出完整技術過杆練習。完整練習時要注意整個動作的協調配合，特別是最後幾步助跑和舉竿插穴起跳的配合要緊湊，技術要合理。起跳時身體重心應及時跟上去。起跳腿要支撐住離地後留在身體後邊，兩手臂向前控制住撐竿，充分利用助跑的速度和起跳的力量，使

撐竿自然向前滾動形成彎曲。

3.5.4 撐竿跳高的比賽規則

（1）運動員必須按比賽日程規定的時間進行檢錄，並做必要的檢查，如撐竿、釘鞋、服裝和號碼等。

（2）當運動員在過杆後，撐竿繼續向橫杆方向倒去並碰掉橫杆，視為失敗。

（3）當撐竿觸及穴斗前壁的上沿垂直於助跑道以外的任何物質，視為失敗。

（4）撐竿跳高的其他裁判規則與跳高規則基本相符。

3.5.5 青少年練習撐竿跳高的意義

撐竿跳高是一項技術複雜、要求身體素質全面的運動項目，如青少年經常參加撐竿跳高練習，不僅可以使速度、力量、身體形態等身體素質得到全面發展，而且還能夠培養勇敢、堅強、果斷和克服困難的意志品質。

希望廣大青少年積極參加撐竿跳高運動，使撐竿跳高項目儘快趕上世界先進水準。

大展出版社有限公司
品冠文化出版社

圖書目錄

地址：台北市北投區(石牌)　　電話：(02)28236031
　　　致遠一路二段 12 巷 1 號　　　　　　28236033
郵撥：01669551＜大展＞　　　　　　　28233123
　　　19346241＜品冠＞　　　　傳真：(02)28272069

・少 年 偵 探・ 品冠編號 66

1.	怪盜二十面相	（精）	江戶川亂步著	特價 189 元
2.	少年偵探團	（精）	江戶川亂步著	特價 189 元
3.	妖怪博士	（精）	江戶川亂步著	特價 189 元
4.	大金塊	（精）	江戶川亂步著	特價 230 元
5.	青銅魔人	（精）	江戶川亂步著	特價 230 元
6.	地底魔術王	（精）	江戶川亂步著	特價 230 元
7.	透明怪人	（精）	江戶川亂步著	特價 230 元
8.	怪人四十面相	（精）	江戶川亂步著	特價 230 元
9.	宇宙怪人	（精）	江戶川亂步著	特價 230 元
10.	恐怖的鐵塔王國	（精）	江戶川亂步著	特價 230 元
11.	灰色巨人	（精）	江戶川亂步著	特價 230 元
12.	海底魔術師	（精）	江戶川亂步著	特價 230 元
13.	黃金豹	（精）	江戶川亂步著	特價 230 元
14.	魔法博士	（精）	江戶川亂步著	特價 230 元
15.	馬戲怪人	（精）	江戶川亂步著	特價 230 元
16.	魔人銅鑼	（精）	江戶川亂步著	特價 230 元
17.	魔法人偶	（精）	江戶川亂步著	特價 230 元
18.	奇面城的秘密	（精）	江戶川亂步著	特價 230 元
19.	夜光人	（精）	江戶川亂步著	特價 230 元
20.	塔上的魔術師	（精）	江戶川亂步著	特價 230 元
21.	鐵人 Q	（精）	江戶川亂步著	特價 230 元
22.	假面恐怖王	（精）	江戶川亂步著	特價 230 元
23.	電人 M	（精）	江戶川亂步著	特價 230 元
24.	二十面相的詛咒	（精）	江戶川亂步著	特價 230 元
25.	飛天二十面相	（精）	江戶川亂步著	特價 230 元
26.	黃金怪獸	（精）	江戶川亂步著	特價 230 元

・生 活 廣 場・ 品冠編號 61

1.	366 天誕生星	李芳黛譯	280 元
2.	366 天誕生花與誕生石	李芳黛譯	280 元
3.	科學命相	淺野八郎著	220 元

・女醫師系列・ 品冠編號 62

・傳統民俗療法・ 品冠編號 63

・常見病藥膳調養叢書・ 品冠編號 631

1. 脂肪肝四季飲食　　　　　　蕭守貴著　200 元
2. 高血壓四季飲食　　　　　　秦玖剛著　200 元
3. 慢性腎炎四季飲食　　　　　魏從強著　200 元
4. 高脂血症四季飲食　　　　　　薛輝著　200 元
5. 慢性胃炎四季飲食　　　　　馬秉祥著　200 元
6. 糖尿病四季飲食　　　　　　王耀獻著　200 元
7. 癌症四季飲食　　　　　　　　李忠著　200 元

・彩色圖解保健・品冠編號 64

1. 瘦身　　　　　　　　　　　主婦之友社　300 元
2. 腰痛　　　　　　　　　　　主婦之友社　300 元
3. 肩膀痠痛　　　　　　　　　主婦之友社　300 元
4. 腰、膝、腳的疼痛　　　　　主婦之友社　300 元
5. 壓力、精神疲勞　　　　　　主婦之友社　300 元
6. 眼睛疲勞、視力減退　　　　主婦之友社　300 元

・心　想　事　成・品冠編號 65

1. 魔法愛情點心　　　　　　　結城莫拉著　120 元
2. 可愛手工飾品　　　　　　　結城莫拉著　120 元
3. 可愛打扮 & 髮型　　　　　　結城莫拉著　120 元
4. 撲克牌算命　　　　　　　　結城莫拉著　120 元

・熱　門　新　知・品冠編號 67

1. 圖解基因與 DNA　　（精）　中原英臣 主編 230 元
2. 圖解人體的神奇　　（精）　米山公啟 主編 230 元
3. 圖解腦與心的構造　（精）　永田和哉 主編 230 元
4. 圖解科學的神奇　　（精）　鳥海光弘 主編 230 元
5. 圖解數學的神奇　　（精）　柳 谷 晃　著 250 元
6. 圖解基因操作　　　（精）　海老原充 主編 230 元
7. 圖解後基因組　　　（精）　才園哲人　著 230 元

・法律專欄連載・大展編號 58

　　　　　　台大法學院　　　法律學系／策劃
　　　　　　　　　　　　　　法律服務社／編著

1. 別讓您的權利睡著了(1)　　　　　　　200 元
2. 別讓您的權利睡著了(2)　　　　　　　200 元

・武　術　特　輯・大展編號 10

1. 陳式太極拳入門　　　　　　馮志強編著　180 元

46. <珍貴本>陳式太極拳精選　　　馮志強著　280元
47. 武當趙保太極拳小架　　　鄭悟清傳授　250元
48. 太極拳習練知識問答　　　邱丕相主編　220元
49. 八法拳　八法槍　　　　　武世俊著　220元
50. 地趟拳＋VCD　　　　　　張憲政著　350元
51. 四十八式太極拳＋VCD　　楊　靜演示　400元
52. 三十二式太極劍＋VCD　　楊　靜演示　350元
53. 隨曲就伸 中國太極拳名家對話錄　余功保著　300元
54. 陳式太極拳五動八法十三勢　闞桂香著　200元

・彩色圖解太極武術・大展編號102

1. 太極功夫扇　　　　　　　李德印編著　220元
2. 武當太極劍　　　　　　　李德印編著　220元
3. 楊式太極劍　　　　　　　李德印編著　220元
4. 楊式太極刀　　　　　　　王志遠著　220元
5. 二十四式太極拳(楊式)＋VCD　李德印編著　350元
6. 三十二式太極劍(楊式)＋VCD　李德印編著　350元
7. 四十二式太極劍＋VCD　　李德印編著
8. 四十二式太極拳＋VCD　　李德印編著

・國際武術競賽套路・大展編號103

1. 長拳　　　　　　　　　　李巧玲執筆　220元
2. 劍術　　　　　　　　　　程慧琨執筆　220元
3. 刀術　　　　　　　　　　劉同為執筆　220元
4. 槍術　　　　　　　　　　張躍寧執筆　220元
5. 棍術　　　　　　　　　　殷玉柱執筆　220元

・簡化太極拳・大展編號104

1. 陳式太極拳十三式　　　　陳正雷編著　200元
2. 楊式太極拳十三式　　　　楊振鐸編著　200元
3. 吳式太極拳十三式　　　　李秉慈編著　200元
4. 武式太極拳十三式　　　　喬松茂編著　200元
5. 孫式太極拳十三式　　　　孫劍雲編著　200元
6. 趙堡式太極拳十三式　　　王海洲編著　200元

・中國當代太極拳名家名著・大展編號106

1. 太極拳規範教程　　　　　李德印著　550元
2. 吳式太極拳詮真　　　　　王培生著　500元
3. 武式太極拳詮真　　　　　喬松茂著

・名師出高徒・ 大展編號 111

1.	武術基本功與基本動作	劉玉萍編著	200 元
2.	長拳入門與精進	吳彬等著	220 元
3.	劍術刀術入門與精進	楊柏龍等著	220 元
4.	棍術、槍術入門與精進	邱丕相編著	220 元
5.	南拳入門與精進	朱瑞琪編著	220 元
6.	散手入門與精進	張山等著	220 元
7.	太極拳入門與精進	李德印編著	280 元
8.	太極推手入門與精進	田金龍編著	220 元

・實用武術技擊・ 大展編號 112

1.	實用自衛拳法	溫佐惠著	250 元
2.	搏擊術精選	陳清山等著	220 元
3.	秘傳防身絕技	程崑彬著	230 元
4.	振藩截拳道入門	陳琦平著	220 元
5.	實用擒拿法	韓建中著	220 元
6.	擒拿反擒拿 88 法	韓建中著	250 元
7.	武當秘門技擊術入門篇	高翔著	250 元
8.	武當秘門技擊術絕技篇	高翔著	250 元

・中國武術規定套路・ 大展編號 113

1.	螳螂拳	中國武術系列	300 元
2.	劈掛拳	規定套路編寫組	300 元
3.	八極拳	國家體育總局	250 元

・中華傳統武術・ 大展編號 114

1.	中華古今兵械圖考	裴錫榮主編	280 元
2.	武當劍	陳湘陵編著	200 元
3.	梁派八卦掌（老八掌）	李子鳴遺著	220 元
4.	少林 72 藝與武當 36 功	裴錫榮主編	230 元
5.	三十六把擒拿	佐藤金兵衛主編	200 元
6.	武當太極拳與盤手 20 法	裴錫榮主編	220 元

・少 林 功 夫・ 大展編號 115

1.	少林打擂秘訣	德虔、素法編著	300 元
2.	少林三大名拳 炮拳、大洪拳、六合拳	門惠豐等著	200 元
3.	少林三絕 氣功、點穴、擒拿	德虔編著	300 元
4.	少林怪兵器秘傳	素法等著	250 元
5.	少林護身暗器秘傳	素法等著	220 元

6.	少林金剛硬氣功	楊維編著	250 元
7.	少林棍法大全	德虔、素法編著	250 元
8.	少林看家拳	德虔、素法編著	250 元
9.	少林正宗七十二藝	德虔、素法編著	280 元
10.	少林瘋魔棍闡宗	馬德著	250 元

·原地太極拳系列· 大展編號 11

1.	原地綜合太極拳 24 式	胡啟賢創編	220 元
2.	原地活步太極拳 42 式	胡啟賢創編	200 元
3.	原地簡化太極拳 24 式	胡啟賢創編	200 元
4.	原地太極拳 12 式	胡啟賢創編	200 元
5.	原地青少年太極拳 22 式	胡啟賢創編	220 元

·道 學 文 化· 大展編號 12

1.	道在養生：道教長壽術	郝勤等著	250 元
2.	龍虎丹道：道教內丹術	郝勤著	300 元
3.	天上人間：道教神仙譜系	黃德海著	250 元
4.	步罡踏斗：道教祭禮儀典	張澤洪著	250 元
5.	道醫窺秘：道教醫學康復術	王慶餘等著	250 元
6.	勸善成仙：道教生命倫理	李剛著	250 元
7.	洞天福地：道教宮觀勝境	沙銘壽著	250 元
8.	青詞碧簫：道教文學藝術	楊光文等著	250 元
9.	沈博絕麗：道教格言精粹	朱耕發等著	250 元

·易 學 智 慧· 大展編號 122

1.	易學與管理	余敦康主編	250 元
2.	易學與養生	劉長林等著	300 元
3.	易學與美學	劉綱紀等著	300 元
4.	易學與科技	董光壁著	280 元
5.	易學與建築	韓增祿著	280 元
6.	易學源流	鄭萬耕著	280 元
7.	易學的思維	傅雲龍等著	250 元
8.	周易與易圖	李申著	250 元
9.	中國佛教與周易	王仲堯著	350 元
10.	易學與儒學	任俊華著	350 元
11.	易學與道教符號揭秘	詹石窗著	350 元

·神 算 大 師· 大展編號 123

| 1. | 劉伯溫神算兵法 | 應涵編著 | 280 元 |
| 2. | 姜太公神算兵法 | 應涵編著 | 280 元 |

3.	鬼谷子神算兵法	應涵編著	280 元
4.	諸葛亮神算兵法	應涵編著	280 元

·秘傳占卜系列· 大展編號 14

1.	手相術	淺野八郎著	180 元
2.	人相術	淺野八郎著	180 元
3.	西洋占星術	淺野八郎著	180 元
4.	中國神奇占卜	淺野八郎著	150 元
5.	夢判斷	淺野八郎著	150 元
6.	前世、來世占卜	淺野八郎著	150 元
7.	法國式血型學	淺野八郎著	150 元
8.	靈感、符咒學	淺野八郎著	150 元
9.	紙牌占卜術	淺野八郎著	150 元
10.	ESP 超能力占卜	淺野八郎著	150 元
11.	猶太數的秘術	淺野八郎著	150 元
12.	新心理測驗	淺野八郎著	160 元
13.	塔羅牌預言秘法	淺野八郎著	200 元

·趣味心理講座· 大展編號 15

1.	性格測驗（1）探索男與女	淺野八郎著	140 元
2.	性格測驗（2）透視人心奧秘	淺野八郎著	140 元
3.	性格測驗（3）發現陌生的自己	淺野八郎著	140 元
4.	性格測驗（4）發現你的真面目	淺野八郎著	140 元
5.	性格測驗（5）讓你們吃驚	淺野八郎著	140 元
6.	性格測驗（6）洞穿心理盲點	淺野八郎著	140 元
7.	性格測驗（7）探索對方心理	淺野八郎著	140 元
8.	性格測驗（8）由吃認識自己	淺野八郎著	160 元
9.	性格測驗（9）戀愛知多少	淺野八郎著	160 元
10.	性格測驗（10）由裝扮瞭解人心	淺野八郎著	160 元
11.	性格測驗（11）敲開內心玄機	淺野八郎著	140 元
12.	性格測驗（12）透視你的未來	淺野八郎著	160 元
13.	血型與你的一生	淺野八郎著	160 元
14.	趣味推理遊戲	淺野八郎著	160 元
15.	行為語言解析	淺野八郎著	160 元

·婦 幼 天 地· 大展編號 16

1.	八萬人減肥成果	黃靜香譯	180 元
2.	三分鐘減肥體操	楊鴻儒譯	150 元
3.	窈窕淑女美髮秘訣	柯素娥譯	130 元
4.	使妳更迷人	成 玉譯	130 元
5.	女性的更年期	官舒妍編譯	160 元

51. 穿出自己的品味　　　　　西村玲子著　280 元
52. 小孩髮型設計　　　　　　李芳黛譯　250 元

・青 春 天 地・ 大展編號 17

1. A 血型與星座　　　　　柯素娥編譯　160 元
2. B 血型與星座　　　　　柯素娥編譯　160 元
3. O 血型與星座　　　　　柯素娥編譯　160 元
4. AB 血型與星座　　　　　柯素娥編譯　120 元
5. 青春期性教室　　　　　呂貴嵐編譯　130 元
9. 小論文寫作秘訣　　　　林顯茂編譯　120 元
11. 中學生野外遊戲　　　　熊谷康編著　120 元
12. 恐怖極短篇　　　　　　柯素娥編譯　130 元
13. 恐怖夜話　　　　　　　小毛驢編譯　130 元
14. 恐怖幽默短篇　　　　　小毛驢編譯　120 元
15. 黑色幽默短篇　　　　　小毛驢編譯　120 元
16. 靈異怪談　　　　　　　小毛驢編譯　130 元
17. 錯覺遊戲　　　　　　　小毛驢編著　130 元
18. 整人遊戲　　　　　　　小毛驢編著　150 元
19. 有趣的超常識　　　　　柯素娥編譯　130 元
20. 哦！原來如此　　　　　林慶旺編譯　130 元
21. 趣味競賽 100 種　　　　劉名揚編譯　120 元
22. 數學謎題入門　　　　　宋釗宜編譯　150 元
23. 數學謎題解析　　　　　宋釗宜編譯　150 元
24. 透視男女心理　　　　　林慶旺編譯　120 元
25. 少女情懷的自白　　　　李桂蘭編譯　120 元
26. 由兄弟姊妹看命運　　　李玉瓊編譯　130 元
27. 趣味的科學魔術　　　　林慶旺編譯　150 元
28. 趣味的心理實驗室　　　李燕玲編譯　150 元
29. 愛與性心理測驗　　　　小毛驢編譯　130 元
30. 刑案推理解謎　　　　　小毛驢編譯　180 元
31. 偵探常識推理　　　　　小毛驢編譯　180 元
32. 偵探常識解謎　　　　　小毛驢編譯　130 元
33. 偵探推理遊戲　　　　　小毛驢編譯　180 元
34. 趣味的超魔術　　　　　廖玉山編著　150 元
35. 趣味的珍奇發明　　　　柯素娥編著　150 元
36. 登山用具與技巧　　　　陳瑞菊編著　150 元
37. 性的漫談　　　　　　　蘇燕謀編著　180 元
38. 無的漫談　　　　　　　蘇燕謀編著　180 元
39. 黑色漫談　　　　　　　蘇燕謀編著　180 元
40. 白色漫談　　　　　　　蘇燕謀編著　180 元

・健 康 天 地・ 大展編號 18

國家圖書館出版品預行編目資料

怎樣跳得高／沈信生 主編 李老民 副主編
——初版，——臺北市，大展，民93（2004 年）
面；21 公分，——（運動精進叢書；4）
ISBN 957-468-331-1（平裝）

1.跳高

528.9422 93013942

北京人民體育出版社授權中文繁體字版

怎樣跳得高

ISBN 957-468-331-1

主　　編／沈信生
副主編／李老民
責任編輯／李　　良
發行人／蔡森明
出版者／大展出版社有限公司
社　　址／台北市北投區（石牌）致遠一路 2 段 12 巷 1 號
電　　話／（02）28236031・28236033・28233123
傳　　眞／（02）28272069
郵政劃撥／01669551
網　　址／www.dah-jaan.com.tw
E - mail ／service@dah-jaan.com.tw
登記證／局版臺業字第 2171 號
承印者／高星印刷品行
裝　　訂／協億印製廠股份有限公司
排版者／弘益電腦排版有限公司
初版 1 刷／2004 年（民 93 年）11 月

定　價／180 元

推理文學經典巨著，中文版正式授權

名偵探明智小五郎與怪盜的挑戰與鬥智
名偵探柯南、金田一都讚嘆不已

日本推理小說鼻祖—江戶川亂步

1894年10月21日出生於日本三重縣名張〈現在的名張市〉。本名平井太郎。
就讀於早稻田大學時就曾經閱讀許多英、美的推理小說。
畢業之後曾經任職於貿易公司，也曾經擔任舊書商、新聞記者等各種工作。
1923年4月，在『新青年』中發表「二錢銅幣」。
筆名江戶川亂步是根據推理小說的始祖艾德嘉・亞藍波而取的。
後來致力於創作許多推理小說。
1936年配合「少年俱樂部」的要求所寫的『怪盜二十面相』極受人歡迎，
陸續發表『少年偵探團』、『妖怪博士』共26集……等
適合少年、少女閱讀的作品。

1 ～ 3 集　定價300元　試閱特價189元